CHINA LAW EDUCATION RESEARCH

教育部高等学校法学类专业教学指导委员会
中国政法大学法学教育研究与评估中心　主办

中国法学教育研究
2019年第1辑

主　　编：黄　进
执行主编：曹义孙
副 主 编：李树忠

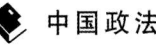中国政法大学出版社
2019·北京

图书在版编目（ＣＩＰ）数据

中国法学教育研究.2019年.第1辑/黄进主编.－－北京：中国政法大学出版社，2019.4

ISBN 978-7-5620-8969-8

Ⅰ.①中… Ⅱ.①黄… Ⅲ.①法学教育－中国－文集 Ⅳ.①D92-4

中国版本图书馆CIP数据核字(2019)第076843号

出 版 者　中国政法大学出版社

地　　址　北京市海淀区西土城路 25 号

邮寄地址　北京 100088 信箱 8034 分箱　邮编 100088

网　　址　http://www.cuplpress.com (网络实名：中国政法大学出版社)

电　　话　010-58908289(编辑部) 58908334(邮购部)

承　　印　固安华明印业有限公司

开　　本　650mm×960mm　1/16

印　　张　9

字　　数　125 千字

版　　次　2019 年 6 月第 1 版

印　　次　2019 年 6 月第 1 次印刷

定　　价　39.00 元

目 录

CONTENTS

课堂与教学

目 录

Talent Training Model Innovation: Dual Tutor System

Conference Record

Legal Education

Curriculum and Teaching

人才培养模式创新：双导师制

Talent Training Model Innovation: Dual Tutor System

商学院本科生"双导师"改革实践与经验
——以中国政法大学商学院为中心的考察　熊金武
本科生双导师制度建设的思考
——以中国政法大学商学院本科改革为例　程碧波

商学院本科生"双导师"改革实践与经验

——以中国政法大学商学院为中心的考察 *

◎熊金武 **

摘　要：本科生"双导师制"是中国政法大学商学院坚持立德树人、争做新时代"四有"好老师和"四个引路人"目标，按照"一主两翼，创新发展"办学理念，全面推动本科生教育教学改革的重要举措，是商学院综合改革持续深化的重要内容，旨在实现本科生人才培养模式创新。本科生"双导师制"改革总体思路是完善目前本科生以班级为单位设立班主任的块状管理模式，调整为以学生为中心的"辅导员＋双导师＋系主任"条状管理模式，分阶段次序介入不同教育者角色，实现学生德育、学术、职业全方位发展，形成以学术导师为主、实践导师为辅的全新双导师指导模式，从专业知识培养和职业技能提升两个维度全面培养商学院的高素质人才。双导师改革工作已经实现基本配置，进入深化落实阶段。

关键词：实践导师　学术导师　导师制

---

* 本文获得中国政法大学教学改革立项项目支持。
** 熊金武，男，中国政法大学商学院企业史研究所副教授。

一、本科生人才培养模式创新的时代需求

中国经济从高速增长向高质量增长转变，中国教育同样要强调人的素质。习近平总书记指出："实现中华民族伟大复兴，教育的地位和作用不可忽视，我们对高等教育的需要比以往任何时候都更加迫切，对科学知识和卓越人才的渴求比以往任何时候都更加强烈。""建设世界一流大学和一流学科"的战略决策就是要提高我国高等教育发展水平，培养卓越人才。只有培养出一流人才的高校，才能够成为世界一流大学。双一流建设必须以人为本，牢牢抓住全面提高人才培养能力这个核心点。1999 年高校扩招之后，适龄青年入学率大幅上升，而高校资源在短期内是有限的，于是国内高校本科生培养整体上出现了外延式扩张和粗放经营的状态，而新时代对创新型高素质人才的需求需要本科生培养走向"精耕细作""质量提升"与"内涵建设"。

同时，党的十八大报告指出要"把立德树人作为教育的根本任务"。在八一学校考察时，习近平总书记指出，素质教育是教育的核心，注重学用相长、知行合一，着力培养学生的创新精神和实践能力。习近平总书记在中国政法大学考察时的重要讲话强调，法学学科是实践性很强的学科，法学教育要处理好知识教学和实践教学的关系。要打破高校和社会之间的体制壁垒，将实际工作部门的优质实践教学资源引进高校，加强法学教育、法学研究工作者和法治实际工作者之间的交流。[1] 商科教育也需要注重实践教学，需要理论与实践结合起来，"学用相长、知行合一"。这就要求强化实践教学和创新教育。

但是，传统的班级等制度安排出现了一系列问题。目前本科生教学一般以班级为单位，一个年级安排一个辅导员，专业课和基础理论知识的学习主要通过学科安排、课程设置和专业课教师来完成。这种传统本科生人才培养模式是教育资源有限情况下的无奈之选，其局限性和不合理性也很明显。例如：传统人才培养

---

〔1〕 付子堂：《完善中国特色社会主义法学体系》，载《学习时报》2017 年 6 月 7 日，第 1 版。

模式在综合素质和业务学习上实行"两条线"管理，辅导员和授课老师分离。师生间除上课时间外能够进行沟通交流的时间十分有限，不能够很好地满足学生在专业学习、素质提升方面的需求；很难实现按照每位学生的实际特点量身制定个性化指导方案，进而进行有针对性的创新创业素质能力培训。[1] 如果按传统的专业教育培养模式，继续实行单纯而狭隘的专业教育，是没有可能培养世界一流人才的。我国大学需要构建一流的人才培养体系，包括学分制、导师制等。现如今本科生导师制成为大学质量提升工程中的重要"抓手"。导师制几乎是一流大学人才培养的标配。在学生学业上，导师要协助学生编制培养方案、确定修课计划、安排学习进程与任务、指导学业进程，以及解决学习过程中遇到的各种困难和问题。这样一来，导师制的作用就落地了，学分制的实施也有了可靠的保障。[2]

本科生导师制是指在本科阶段为每位学生配备专业教师，在学业、科研、品德、生活等方面对学生进行有针对性的指导的一种制度。在中国传统书院，师生朝夕相处，谈学论道，因材施教，言传身教。但是，随着现代高等教育规模的扩大，流水线式的人才培养方式使得因材施教的原则难以落实，学生们往往被按照统一的规格加以塑造，实为应试教育之可惜。西方导师制度最早产生于 14 世纪的英国，在牛津大学率先实行。20 世纪初，在推行学分制的过程中，以哈佛大学为代表的美国高校也引入了本科生导师制。后来逐渐推广、流行于欧美国家，到近现代传入中国。20 世纪 30 年代，浙江大学开始实行本科生导师制。20 世纪 80 年代，本科生导师制陆续在一些高校实行。2005 年 1 月 7 日，《教育部关于加强高等学校本科教学工作的若干意见》指出："有条件的高校要积极推行导师制，努力为学生全面发展提供优质和

---

〔1〕 肖永明、潘彬：《书院教育传统与现代大学教育的融合——岳麓书院实施本科生导师制的探索与思考》，载《大学教育科学》2017 年第 2 期。

〔2〕 别敦荣：《"双一流"建设与大学管理改革》，载《中国高教研究》2018 年第 9 期，第 1—6 页。

个性化服务。"这标志着本科生导师制已经获得国家层面的支持与提倡。我国本科生导师制基本上分为全程、年级及精英三种类型。本科生导师制不仅弥补了学分制的缺陷，融洽了师生关系，更促使高校管理模式从以"管"为主向以"导"为主的转变。[1]目前中国高校本科生导师制尚且存在诸多问题，例如：定位不明确，师生沟通不畅，导师职责不清等。

在推广高校导师制的过程中，除学术导师以外，实践导师的引入——即双导师机制的建立——具有重大意义。企业导师制是国外企业培养员工的一种重要手段，也是国外人力资源管理领域的一个重要研究主题。[2]"创业教育"（Enterprise Education）中，导师指导学生通过创业来拓延各种生活的可能空间，建立贯穿整个大学教育期间的职业发展和就业指导课程体系。[3]现有双导师制度主要在研究生和师范专业、高职专业的本科生中施行。因此有必要在商科、法学等学科推广实践导师，强化实践教学。

总之，为了强化双一流建设，坚持立德树人，有必要在本科生阶段完善导师制，而基于实践教学和创新创业教育的需要，本科生阶段实行实践导师与学术导师并举的双导师制度成为可能的选择，有利于推动人才培养模式创新，培养创新型人才。下文介绍中国政法大学商学院本科生双导师制度改革实践。

二、商学院本科生双导师制改革历程

2018 年 11 月，《中国政法大学建设一流本科教育行动方案》明确提出"建立实践导师制，将优质社会教育资源引进校园。从制度上明确现有的法律诊所、模拟法庭竞赛、专业实习等教学环节中的实践导师制，发挥实践导师的传帮带作用""建立实践导

---

〔1〕 石荣传：《本科生导师制：类型、实施现状及完善对策》，载《大学教育科学》2016 年第 3 期，第 70—73 页。

〔2〕 张正堂：《企业导师制研究探析》，载《外国经济与管理》2018 年第 5 期。

〔3〕 郭峰、李锋、邹农基：《创业导师制：大学创业教育人才培养的新机制》，载《江苏高教》2014 年第 5 期，第 108—109 页。

师和学生的实时交流、日常指导机制,实现理论和实践的充分融合"。这就为中国政法大学推行"双导师制"提供了契机。

中国政法大学商学院在汲取国内外历史经验和教训基础上,开展了本科生双导师制度改革。本科生"双导师制"是坚持立德树人、争做新时代"四有"好老师和"四个引路人"目标,按照学院"一主两翼,创新发展"办学理念,全面推动本科生教育教学改革的重要举措,是商学院综合改革持续深化的重要内容,旨在实现本科生人才培养模式创新。本科生"双导师制"改革总体思路是将目前本科生以班级为单位设立班主任的块状管理模式,调整为以学生为中心的"辅导员 + 双导师 + 系主任"条状管理模式,分阶段次序介入不同教育者角色,实现学生德育、学术、职业全方位发展,形成以学术导师为主、职业导师为辅的全新双导师指导模式,从专业知识培养和职业技能提升两个维度全面培养商学院的高素质人才。在全院领导集体强有力指导下、全院教职工支持配合下,双导师改革工作进入深化落实阶段。2018 年 4 月双导师制度改革启动以来,主要包括以下几个阶段。

(一)动员和制度构建阶段

4 月 28 日,商学院召开全员大会启动双导师制度改革,组建双导师改革工作小组和领导小组,完善组织架构,强化工作团队。领导小组包括了院务会领导和各系所主任,工作小组主要由青年教师构成。组织和团队的建设奠定了进一步改革和发展工作的基础。5 月进入方案设计讨论阶段,形成相关制度和文件。主要完成的文件包括《学术导师管理办法》《实践导师管理办法》《双导师制责任公约》《学术导师工作任务书》《双导师制工作流程》《学术导师简历》《双导师考核细则》。这些制度的设计都是参照教育部和学校的有关规定开展的。5 月 31 日全院教师大会上,院教代会审议"双导师制"文件,并再次动员。这使得改革有据可依。

(二)试点阶段

6 月开始在经济系和资本金融系开展学术导师试点工作,积累经验。6 月 1 日至 5 日，接收学术导师申请。6 月 5 日，恰逢中国政法大学"做'四有'好老师和'四个引路人'学习实践活动暨师德师风建设动员会"结束，中国政法大学商学院本科生"双导师制"改革试点工作启动大会暨首批学术导师签约仪式在昌平校区逸夫楼一层刘皇发报告厅举行。6 月 5 日至 8 日，系主任确定配置名单，然后提交工作小组和领导小组。6 月 8 日，向导师和学生公布最终师生配置名单。6 月 8 日，建立师生指导群，导师与学生指导、辅导员入群。6 月 26 日，完善程序，将工作任务书和聘书发到每一个导师手里。6 月 26 日，落实学术导师津贴发放工作。7 月 1 日，重点抓落实学术导师监督考核工作。目前，师生指导群已经建立，已经开始学术导师的实质性指导。

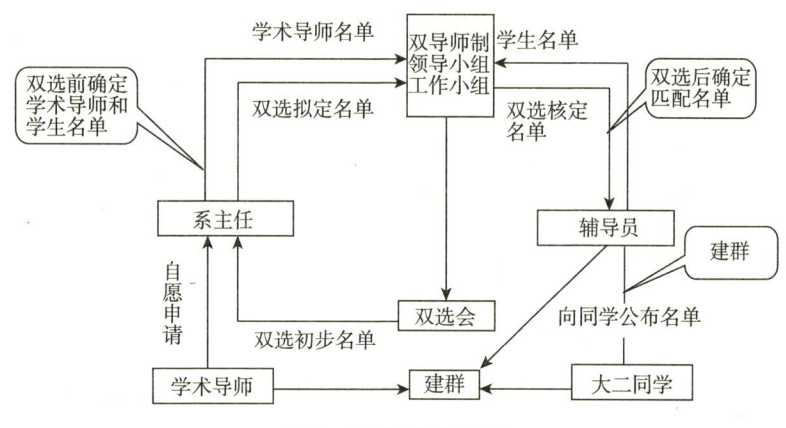

图 1　双导师配置机制

试点经验在双选环节主要有：其一，关于老师带学生的数量，首先要尊重老师。在不超过最高限额的情况下，尊重师生意愿。从目前的分配结果看，总体上是比较均衡的。其二，当面分配效率高。双选会后，所有的老师现场分配学生名单，省去后续沟通成本。其三，优先第一志愿。第一志愿报考的老师优先配置，超过数额，给予老师选择权。大多数学生会选择在大一大二给他们讲过课的老师。因此也要考虑照顾上课少、与学生接触不多的老师。其四，双选会现场气氛要热烈、仪式要庄重严肃，体现导师对学生的尊重，学生对导师的尊重。其五，对导师的介绍要提前 3 天在同学群中发布，导师介绍要增加"学术导师工作计划""对学生要求"等内容，让学生更直观更丰富地了解导师风格和专业。

（三）全院推广学术导师阶段

2018 年 9 月 28 日，中国政法大学商学院本科生"双导师制"改革全面实施大会暨第二批学术导师签约仪式在昌平校区刘皇发报告厅隆重举行。为了优化师生配备，允许老师跨专业系所担任学术导师。企业史研究所分别参与了经济系、资本金融系和工商管理系担任学术导师。在工商管理专业和国际商务专业推广中，增加了分专业方向的环节。财务会计系和法商系的教师担任工商管理专业学术导师，产业经济系的教师担任国际商务专业学术师。目前，全院共有学术导师 57 名，面向全院 532 名大二和大三本科生实现 100% 覆盖，师生比平均数为 8.8，各系师生配比合理均衡，学术导师激励机制落实到位。双导师制度改革依然需要不断深化，不断创新，完善机制，狠抓落实，推进实践导师改革，夯实本科教学基础。

（四）全院实施实践导师阶段

目前双导师改革已经进入第四阶段，将于 2018 年 12 月配置实践导师，完成双导师改革。实践导师来源于学院理事会单位、校友和 MBA 等。主要发动学术导师积极性，让学术导师选择与自己配合的实践导师。

三、本科生学术导师的制度设计

"双导师制"是坚持立德树人，做"四有"好老师、"四个引路人"指导思想的举措，是商学院"一主两翼，创新发展"改革理念下本科生人才培养的创新模式，推动本科教育从"粗放经营"走向"精耕细作"，突出言传身教、学以致用、精准育人。"双导师制"是以学生为中心的"双导师 + 辅导员 + 系主任"条状管理模式，以学术导师为主、职业导师为辅，把我们的学生都当作自己的孩子和亲人。"双导师制"从试行以来，摸着石头过河，改革求发展。其一，做好顶层设计，构建了双导师制改革领导小组和工作小组的组织框架，制定一系列的管理文件及流程文件，让改革有据可依。其二，坚持试点先行，在资本金融系和经济系试行双导师制度，摸索经验，随后在 9 月 28 日正式全院推广。其三，全院动员。双导师改革工作离不开全院教师、全院同学和各职能部门的共同努力。在此以学术导师为案例介绍有关重要的机制设计。

（一）"双导师制"的整体思路

原来的班主任制度是块状管理，导致在综合素质和业务学习上实行"两条线"管理，教师上课工作的体制机制下，师生间除上课时间外能够进行沟通交流的时间十分有限；很难要求教师按照每位学生的实际特点量身制定个性化指导方案。双导师制度则实现条状管理，成立双导师制领导小组和工作小组，具体负责学术导师管理组织工作。

表 1 "双导师制"条状管理

年级	指导老师	主要内容
大一	辅导员 + 系主任	辅导员以德育教育、生活关怀为主并持续整个本科学业全过程 系主任强调学科指导，学科归属感
大二	学术导师	学术导师指导学生学术方向选择、学术实践直至毕业论文指导
大三	职业导师	职业导师指导学生职业规划和就业发展
大四	学术导师为主，职业导师为辅	

（二）学术导师职责

学术导师应全力帮助学生健康成长成才。关心本科生的思想、学习和生活，对学生进行品德教育、学业指导和能力培养，对本科生学业规划、专业学习、创新能力培养负有指导责任。实行多位导师集体指导和单个导师个别指导相结合的弹性指导。指导学术科研，组织引导学生参与学术活动。指导学生参与学术论文写作。鼓励并指导学生在二、三年级提前进行毕业论文（设计）选题和研究等相关准备，并在四年级指导学生最终完成毕业论文。鼓励学生参与科研立项，让优秀的学生参与学术导师的课题研究。

明确与学生沟通机制。与学生建立定期或不定期的沟通交流机制。通过建立微信群、接待日、读书会、电话、邮件、短信等方式指导学生。每个月与学生集体交流互动不少于一次，时长不少于一小时。交流的形式可以采取线下或者线上的方法。其中线下集体交流每个学期至少两次。建议将每月交流互动的时间固定并进行合理安排。

导师聘期一般为两年，考核合格自动续聘，从学院正式在编专业教师和经领导小组审核认定的教师中选聘。学术导师应当具备以下条件：①以本人自愿为原则。②热爱教育事业，政治立场坚定，政治思想觉悟和政策理论水平较高，师德优良，公道正派，为人师表，乐于奉献，有较强的工作责任心，关心学生成长成才，能够胜任工作。③须为本校专任教师，具有半年以上本院工作经验，熟悉专业的培养目标、教学计划、课程设置，熟悉专业的社会需求和学校的教育管理规定。④有较高的专业水平和合理的知识结构，有较丰富的教学经验和一定的科研能力，具有较强的专业指导能力。⑤须具备中级及中级以上职称或博士学位或同等的从业层级。⑥身心健康。

学术导师的权益包括津贴。根据指导学生人数每月为学术导师发放津贴。教师评优和晋升过程中，学术导师具有优先权。在本科生学术导师任职中取得优秀成绩，是获得学院荣誉、提拔和晋升的优先条件。如确有合理原因不能继续担任导师工作，可申请调配所带学生，经双导师制领导小组同意后正常中断或终止指导。其再担任学术导师时，需重新申请选聘。

（三）双选程序

根据学生的实际需要在其大二或大三时安排与学术导师的双

向选择调配。各系所在新生入学配置导师后也可以不选择后期的双选程序。学术导师指导的学生每年级最高不超过 8 人。各系所与辅导员配合在新生入学前按照学生情况合理安排大一新生的学术导师，可以根据自身的实际双向选择调配。在确认各系导师名单之后，由学生工作办向该系所学生发放志愿表。由每个学生单独对导师做出志愿选择排序。学生工作办将学生的志愿表收回并交系主任和教学科研办。安排双向选择见面会。所有导师和学生在见面会后完成双向选择，最终确定每位导师的学生数目和人员。系主任将导师学生双选结果名单提交工作小组进行最后确认，并由辅导员、系所负责人和工作小组共同保留名单进行存档。如遇特殊情况需要更换导师，学生向学生工作办提交调整导师的书面申请，学术导师更换学生需要向所在系主任提出书面申请，工作小组统一协调并报领导小组同意。但原则上学生需要先征得新的导师指导许可后方可提出申请。另有其他特殊情况的，由所在系导师组研究确定，并向工作小组报备。如导师或学生提出更换指导关系申请，在工作小组确认并正式批准之后，学术导师停止以导师身份对该学生的指导。

（四）考核机制

每年对学术导师根据考核结果进行评优，优秀学术导师根据等级予以奖金激励，奖励金额由双导师制领导小组确定，并纳入当年绩效奖金发放。学术导师培训纳入学院教师培训整体计划，有计划、有组织、有保障地安排学术导师参加培训考察。学院每学年至少召开一次由学术导师、职业导师、辅导员参加的学生工作联席会，研究工作，解决问题，交流经验，了解学术导师、职业导师和辅导员的工作状况。

考核坚持注重工作实绩、尊重学生评价、定性分析与定量考核相结合、平时考核与年度考核相结合的原则，进行综合考核，每学年考核一次。考评工作完成时限为每学年春季学期学校规定的期末考试周开始前。通过查看学生调查问卷、学术导师考核表、工作总结、个别访谈、召开学生座谈会、征询本院辅导员和各相关部门意见等方式进行考核。对学术导师每个学年的工作绩效进行百分制考核。其中学生评价占 50 分、量化评估的部分占 40 分，所在系主任评分占 10 分。量化评估的部分由学生工作办根据学术导师提交的指导记录和考核登记表，与学生核对后根据活动信息和统计来核定。学术导师可适当提供影像资料或活动资料等支撑证据来支持量化评估。学生满意度评分采取对学生的问卷调查方式进行。问卷由学生工作办进行发放、回收和统计。评分由该系负责人根据自身对该学术导师工作的了解进行打分。考核由双导师制工作小组负责组织实施。

领导小组考核认定不合格的导师，取消学术导师资格 1 年，视为不能正常履行职责，1 年后本人如要担任学术导师需重新按程序申请。学生评价不佳的导师，应由导师所在系主任对该导师进行诫勉谈话。优秀学术导师的表彰纳入学院表彰奖励体系，双导师制领导小组评定，给予相应奖励和宣传，颁发荣誉证书。学生对学术导师工作有意见的，可以向所在系和工作小组反映，工作小组应当予以重视并及时了解情况，与学术导师、学生沟通，做好师生思想工作和相关协调工作。如果学术导师不履行职责，年度考核不合格或者存在违反教师道德标准的行为，应当予以解聘。

四、本科生"双导师制"的深化落实

目前双导师制度改革在校内基本达成了改革共识，为在全院推广打下了基础。学生对双导师制度也非常支持。具体贯彻落实需要"干中学"，不断去摸索，不断去发现问题、解决问题，不断去接受各方面的意见。下一步就是要抓落实，不要流于形式，虎头蛇尾。"一分部署，九分落实。"双导师制度改革关键就是需要狠抓落实，这就要求坚持问题导向，不断发现问题，不断创新改革，不断完善机制，构建我院贯彻立德树人的本科教育体系：①完善体制机制。既要根据不同学习阶段学生身心发展特点，区分层次，又要突出重点，推进双导师制度安排。大一是否需要配置学术导师和实践导师依然存疑。实践导师制是目前高校创业教育改革中正在探索的一种人才培养机制。通过分析当前我国创业教育的现状，结合导师制"自由教育"的精髓，高校提出创业导师制，探索本科生阶段如何强化实践导师制，学以致用。②新老体制的有效衔接。双导师制度是对原有班主任制度的发展和完善，需要在招生、毕业论文指导、学年论文指导等环节充分体现。③不同主体之间的衔接。包括学术导师、实践导师和辅导员之间的协调关系，以及构建相应的激励机制。④多元化的导师指导模式，建立在对学生不同阶段不同需求进行科学分析的基础上，再对导师进行合理分类，赋予不同的指导职责。要考虑本科不同年级学生不同的指导需求。⑤构建多元化考核评价体系。把导师工作考核与教师考核的诸多方面有机融合，包括教学、科研、人才培养等，教师在完成本科生导师职责的同时也完成了大部分的考核任务。多元化考核评价体系：一是评价主体的多元化。评价主体可由学生、导师制工作领导小组和个人等多部分组成，尤其要注重学生的评价。二是评价内容的多元化。三是评价方法的多元化。⑥师生互动机制建设多元化。建立有效的师生互动平台是实施本科生导师制的保障。

双导师制应该坚持学以致用，强化实践教学。大学是实践创新的载体，培养学生的实践能力和创新精神是当前素质教育的一个重要内容。知行合一，学以致用，全面发展，自古就是中国传统教育理念的核心。不论是学习还是工作，都要面向实际、深入实践，实践出真知。人的潜力是无限的，只有在不断学习、不断实践中才能被充分发掘出来。大学师生应该增强社会实践参与，充分了解党情、国情、社情、民情，强化实践性课程，创新精神和创新能力正是最可贵的实践能力，将理论知识与实践活动结合起来才能发挥更大的创造力。因此，必须加强就业创业教育，创立高校与科研院所、行业、企业联合培养人才的新机制，着力提高学生"服务国家服务人民"的社会责任感、勇于探索的创新精神和善于解决问题的实践能力，而实践导师就是抓手。

　　"双导师制"应该坚持立德树人。制定学术导师公约，由学术导师宣读。学术导师需要坚持立德树人，以德立身、以德立学、以德施教、以德育德，坚持教书与育人相统一、言传与身教相统一、潜心问道与关注社会相统一、学术自由与学术规范相统一，争做"有理想信念、有道德情操、有扎实学识、有仁爱之心"的好教师，全心全意做学生锤炼品格、学习知识、创新思维、奉献祖国的引路人；做有理想信念、有道德情操、有扎实学识、有仁爱之心、有助学生成长的合格导师；做学生锤炼品格的引路人、学习知识的引路人、创新思维的引路人、奉献祖国的引路人；无愧于学生信任，无愧于导师身份，无愧于三尺讲台，更无愧于时代使命！

本科生双导师制度建设的思考

——以中国政法大学商学院本科改革为例

◎程碧波[*]

摘　要： 学校教育与学徒制的融合，是双导师制度的重要渊源。本科阶段是学生从中学教育转向高等教育的重大转折阶段，学生从生活到学习都面临着巨大的变革，比研究生、博士生更需要导师的指导。本科生双导师制度建设的重要性不言而喻。本文以中国政法大学商学院本科生双导师制度改革为例，阐述本科生双导师制度在打通"专"和"广"之关系、维护学生心理健康、引导学生学以致用和做好职业规划、提供反馈以推进教育改革等方面的意义，并对学术导师的定位、激励和引导，职业导师的定位、激励和引导，学术导师、职业导师、辅导员的分工和协作进行了深入思考。

关键词： 本科教育　双导师制度　T 型人才　学以致用

---

* 程碧波，中国政法大学商学院资本金融系副教授。

　　中国古代已有较为系统的教育体系。五帝时期的大学名为成均,[1] 有虞氏时大学为上庠,小学为下庠。夏朝大学为东序,小学为西序。商朝的大学为右学,小学为左学。[2] 周朝的学校就多了起来,分为设在京城的国学和设在地方的乡学。国学分小学与大学两级,"掌国学之政,以教国子小舞"。[3] 小学由于学生较幼,故设在城内。《大盂鼎》:"女(汝)妹(昧)辰有大服,余佳(惟)即朕小学。"西周太学又名大学,天子和诸侯均设之,大学由于学生年纪较长,所以通常设在郊外。"大学在郊,天子曰辟雍,诸侯曰泮宫"[4],在辟雍周围还有成均(南学)、上庠(北学)、东胶(东序)、瞽宗(西雍)等大学。乡学又分为"庠""序""校""塾"等。[5] 小学学习时间 7 年,大学学习时间 9 年,全部学程 16 年。大学隔年考试,9 年考试 5 次。教授内容包括德、行、礼仪、音乐、射箭、驾驭战车、文字、数理天文等。

　　春秋末期,中国开始进入官学与私学并举的时代。学徒制开始发展。管子提出四民分工,子弟相袭,除考虑社会稳定外,也考虑了工商业之学徒制的职业教育"旦昔从事于此,以教其子弟"。[6] 当然,不能因此说管子制造阶层等级,因为管子同时也主张实行考选制度,只要真有能力,是可以跨越阶层的。战国时齐桓公田午举办的稷下学宫,是官方举办、私家主持的高等学府,在其兴盛时期,容纳了诸子百家中的几乎各个学派,其中主要的有道、儒、法、名、兵、农、阴阳、轻重诸家。稷下学宫在其兴盛时期,汇集了天下贤士多达千人,其中著名的学者如孟子

---

〔1〕 郑玄注:"董仲舒曰:五帝名大学曰成均。"《周礼·春官·大司乐》:"大司乐掌成均之法,以治建国之学政,而合国之子弟焉。"

〔2〕《礼记·王制》:"有虞氏养国老于上庠,养庶老于下庠。夏后氏养国老于东序,养庶老于西序。殷人养国老于右学,养庶老于左学"。郑玄注:"右学,大学,在西郊;左学,小学,在国中王宫之东。"

〔3〕《周礼·春官·乐师》。

〔4〕《礼记·王制》。

〔5〕《礼记·学记》。

〔6〕《管子·小匡》。

（孟轲）、淳于髡、邹子（邹衍）、田骈、慎子（慎到）、申子（申不害）、接子、季真、涓子（环渊）、彭蒙、尹文子（尹文）、田巴、儿说、鲁连子（鲁仲连）、驺子（驺奭）、荀子（荀况）等。春秋末期，私学开始发展，郑国人邓析以及鲁国少正卯、孔子都是著名的私学教师。战国时期学派林立，道、法、名、农、杂、阴阳、墨、医、兵、儒等各家都发展了私学。《庄子·天下》篇说："天下之治方术者多矣，皆以其有为不可加矣……其数散于天下而设于中国者，百家之学时或称而道之。"汉有太学，晋武帝咸宁二年设国子学，与太学并立。北齐为国子寺，隋文帝时国子寺总辖国子、太学、四门等学，炀帝时改为国子监。唐朝大学成为世界学术中心。《旧唐书》记载："又于国学增筑学舍一千二百间，太学、四门博士亦增置生员……俄而高丽及百济、新罗、高昌、吐蕃等诸国酋长，亦遣子弟请入于国学之内。鼓箧而升讲筵者，八千余人，济济洋洋焉。"[1] 宋在国子监下设置教授经学的国子学、太学（四门学、广文馆及辟雍存在时间短暂），传授武学、律学、医学、算学、书学、画学。宋神宗时在太学实行三舍法，即外舍、内舍和上舍的升级制度，首次在大学中设置教育分级。北宋对前代的教育分科有所发展，在太学之外先后设立武学、律学、医学、算学、书学、画学等。北宋著名教育家胡瑗"在湖州，置治道一斋，治兵、治民、水利、算法之类，各使诸生精论熟讲、分科设教"。

总体来看，中国传统的教育体制与今日的教育体制极其相似。在春秋以后，国立学校与民间学校并行，学徒制与国家标准教育相融合。导师制度就是对学徒制的发展。

本科生导师制源于 14 世纪的牛津和剑桥。14 世纪，威克姆（W. Wykeham）将导师制（Tutorial System）应用于牛津大学，导师成为学生的监护人，指导和监督学生的学业、行为和开销。但西方的现代教育制度改革则由德国首先启动。近代西方的公立教

---

〔1〕《旧唐书》卷一八九上《儒学传上》。

育、义务教育、实科教育、师范教育和双轨学制等，大多起源于德国。1871 年德意志帝国在普鲁士王国的基础上建立，德国第一次形成民族国家。17—19 世纪的教育是以德意志最大的一个邦国——普鲁士的教育制度为原型。16 世纪初，马丁·路德在德国发起了影响整个欧洲的宗教改革运动，各派宗教纷纷兴办学校以培养自己的信徒。18 世纪初，手工工场的发展使得实科中学应运而生。德国洪堡开创了初等教育、中等教育和高等教育的三级教育体系。英国一方面借鉴洪堡改革，由教授负责科研；另一方面保留牛津特色的导师制，由讲师负责教学指导。20 世纪初，以哈佛大学为代表的美国高校也开始实行本科生导师制。但英国导师制以学业指导为主，美国导师制不是教学方式而是辅助性的。当前，英美高校普遍实行了本科生导师制。

　　20 世纪 90 年代末，本科生导师制开始在我国高校以各种方式试运行。2012 年，教育部《关于全面提高高等教育质量的若干意见》提出："改革人才培养模式，实行导师制、小班教学。"但是中国大学的本科生导师定位并不明确，很多情况下，不仅要教学和科研，还要对学生的选课、学业、生活、思想、论文、实习、就业等进行指导，与辅导员、班主任的工作产生交叉和重叠。[1] 在我国，本科生导师制尚未上升到高等教育制度层面，各高校采用的形式也千差万别，有"多对一""多对多""一对多""一对一"的不同指导方式；有学习导师制、科研（学术）导师制、德育导师制、实习导师制，也有"导师＋副导师""普通导师＋专业导师""班主任＋导师"等复合方式。[2] 教育部 2014年发布针对在高等职业教育和中等职业教育中推行学徒制的《教育部关于开展现代学徒制试点工作的意见》指出："加强专兼结合师资队伍建设，校企共建师资队伍是现代学徒制试点工作的重

─────────────

〔1〕 魏志荣：《本科生导师制：历史、现状与未来》，载《山东高等教育》2015年第 10 期，第 62—67 页。
〔2〕 于守武等：《毕业设计（论文）过程中配备校企双导师的探索》，载《现代经济信息》2018 年第 11 期，第 443 页。

要任务。"现代学徒制是将传统的学徒培训教育与现代学校教育紧密结合的一种企业与职业院校合作的职业教育制度，由此我国开启了现代学徒制探索新阶段。

中国政法大学商学院在汲取国内外历史经验和教训基础上，建立了自己的双导师制度，在资本金融系、经济系试点运行小半年后，效果显著，颇具特色。

一、本科双导师制度的意义

中国政法大学原本是一所以政法专业为主的文科院校。随着社会经济生活越来越复杂，要求法学必须深入理解经济学、金融学运行的规律，研判相应的应对策略，然后方可上升为法律。因此，法商结合是政法大学发展的必经之路。正是在这样的背景下，政法大学商学院确立了"一主两翼，创新发展，培养社会需要的复合型人才"的办学理念，即以工商管理和经济学为主导，以法商管理和融商管理为"两翼"的发展模式，要求商学院毕业生具有经商、法商和融商相结合的知识结构。与之相应，学术导师与职业导师相结合的双导师制度应运而生。

（一）学术导师有利于学生打通"专"和"广"的关系

商学院将原有院所体制改为系院体制，组建了七系一所一中心："七系"为工商管理系、经济系、产业经济系、法商系、资本金融系、财务会计系、国际商务系；"一所"即企业史研究所；"一中心"即 MBA 教育中心。然而，商学院必须处理好"专"和"融合"的关系。一方面，在现代科学中学科融合是趋势，各系的学科不能井水不犯河水。经济系的同学不能不懂金融学，资本金融系的同学不能不懂经济学，财务会计显然亦应是非财会专业学生应掌握的内容，各系亦应有国际商务的视野，等等。另一方面，各系又应该有自己的特色和专业，否则没有必要专门设系。

哈佛商学院教授多萝西·巴顿首先提出"T 型人才"的概念，她认为传统教育培养的是只对一门知识专精深耕的"I 型专才"，但 21 世纪企业真正需要的是兼具专业与跨领域知识的跨界

"T型人才"。字母"T"用来表示这类人才的知识结构特点，"—"表示具有宽泛的知识面，"｜"表示具有深入的专业知识和技能，即一专多能的复合型人才。[1] 基于此思想，中国今天的大学在对学生的课程设置和培养上，往往要在两个维度上下功夫。一个维度是知识面的广博，其体现在给学生设置的课程数量多、覆盖面广上。风靡一时的博雅教育或通识教育亦是广博的体现。博雅教育在内地被普遍称为素质教育，我国香港特区称为博雅教育，中国台湾地区通称为通识教育，美国称为 Liberal Arts Education。在美国品质最好的大学及规模不大的学院通常采用博雅教育。对于极优秀的学生，博雅教育为未来的社会领袖提供比较全面的知识，而且由于学生的学习能力强，广读群书没有问题，哈佛、斯坦福等精英大学都采用博雅教育的办学精神。博雅教育不偏重专业知识的学习，采用的是捆绑式教育，一个学生要应付十多门的课程，教育出来的学生什么都懂一些。另一个维度是专业知识的精深。尤其是经济学、金融学类的院系，大量引入数学系的专业课程，以数学专业的数学分析来代替原理工科学生学习的高等数学，以数学专业的高等代数来代替原理工科学生学习的线性代数，并引进随机、拓扑、泛函、实变、复变、偏微等课程，希望以课程的深度来体现专业性。这样多方兼顾的结果，是学生们的课程量极大，在某些系，学生课程数能达到每周48—60节课，即每天10—12节课。在这样巨量而又艰涩的课程安排下，学生们从早晨睁开眼睛到晚上闭上眼睛一直在上课，缺乏思考课程原理的时间，而只能停留于对课程结论的记忆上。在考试时，完全依赖课程老师在考试前所划的试题范围，一旦试题的范围有所变化，就难以应对。因此，最后出现学习专业的虚假繁荣：课程和教材看起来很深，但学生在每门课程上的学习大都浮在浅层，筋疲力尽而徒劳无功。

所以仅仅用T型人才的指标来设计课程或辅导学生如何选择

---

[1] 杨美玲：《新T型人才培养视角下的高校教学实践探索——基于PBL模式》，载《时代经贸》2018年第8期，第103—104页。

课程，是远远不够的。庄子说："天下多得一察焉以自好。譬如耳目鼻口，皆有所明，不能相通。犹百家众技也，皆有所长，时有所用。虽然，不该不遍，一曲之士也。判天地之美，析万物之理，察古人之全。寡能备于天地之美，称神明之容。是故内圣外王之道，暗而不明，郁而不发，天下之人各为其所欲焉以自为方。悲夫！百家往而不反，必不合矣！后世之学者，不幸不见天地之纯，古人之大体。道术将为天下裂。"[1] 庄子的意思是说，自礼崩乐坏以来，各个学科相互割裂，各个专家只会从本专业出发看待问题。就好比一个人有耳目鼻口，但如果彼此不能相通，也就成了废物。各学科都有一技之长，偶尔也有用处，但既不完备也不全面。各学科只知道各自发展，而不彼此回转融通，后世学者，不幸得不到万物相通的道理，把相通的大道割裂为各个学科。

　　要打通"专"和"广"的关系，显然不能仅仅依靠辅导员或班主任，而教授课程的任课老师对此亦无能为力或者说没有动力。因为任课老师只对自己所教授的课程负责，对其他课程最多在课堂上有所涉猎，甚至也不关心其他课程的内容，不关心自己该讲什么以配合其他课程的内容，因此，不可能形成学科体系。在此情况下，"专"和"广"是被捆绑而不是彼此打通，学生学到的是东一榔头西一棒槌，不知道自己学的东西在整个体系中处于何种位置、有何用处，最后既不广亦不专。唯一能承担起打通责任的，就只有学术导师了。学术导师不是对学生的某门专业课负责，而是要对学生的所有课程负责；并且不仅仅是对学生选什么课提供辅导，更重要的是对所有课程的内容进行整理归纳和疏通，使得学生学习能四两拨千斤，知晓学习的重点和非重点，合理安排时间和精力，有的放矢。这是学术导师与专业任课老师的最大区别，亦是学术导师与辅导员、班主任的最大区别。

　　我们也必须认识到，不少学科本身的前沿内容之间还是割裂

---

〔1〕《庄子·天下》。

的，以法商融合本身来说，亦刚刚起步。学术导师的水平亦参差不齐，在打通学科上给学术导师提太多的要求并不现实。然而学术导师毕竟比本科同学们多了本科、研究生乃至博士的学习经历，是过来人，在知识谱系上更容易定位各学科的局部知识，只要赋予其相应的职责和激励机制，他们对本科同学的指导仍将具有重要意义。尤其是一些学术导师平时并未思考各学科的联系，而在这种对学生的综合辅导中，反而可能产生跨学科的学术成果。

（二）学术导师有利于学生心理健康

大学本科学生的心理健康问题多种多样。通常来说，学生的恋爱、家庭等问题不应属于学术导师负责的范畴，而应属于辅导员或班主任负责的范畴。但是学生相当一部分心理问题来自学业负担，这部分心理问题就不是仅仅由辅导员或班主任所能解决的，而需要学术导师的介入。

学生们从中学升入大学，面临着生活环境、学业环境的剧烈改变。大学课程与中学课程的思维方式截然不同。中学课程内容强调灵光一闪，然后进行逻辑推理即可，多是头绪简洁漂亮的线性处理，数值计算内容不多。而大学课程内容多强调按部就班、步步为营，但多是头绪繁琐的非线性处理及数值计算。如果学生们不能适应大学这种思维方式，再聪明的孩子也会落下课程。而这对中学成绩优异的学生来说可能是莫大的打击。所以学术导师的第一步是要帮助学生迅速转换学习思维。其次，学校列出的课程令人眼花缭乱，学生们可能什么都想选，什么都不敢放弃。学术导师要帮助学生树立有所取舍的信心，不要从众。学生们选择了课程，选上之后发现实际所学内容并不是自己所预期的因而想放弃，学术导师应帮助学生进行分析，究竟是学生自己学习方法不对，还是这门课程真的对学生作用不大。如果是学习方法不对，就帮助其调整学习方法；如果课程内容真的有偏差，则可以支持学生降低对课程的成绩要求，腾出精力在其他课程上。即使到最后学生的成绩仍然不理想，学术导师亦可以一针见血地指出学生在学习上的问题以及发展方向，使得学生的心理保持健康状态。

学生在学校的主业是学习，而学术导师是唯一深度参与学生学习的人员，具有最大的优势来发现和解决其心理问题。可以说，学术导师是学生从依赖家庭的中学走向成人化的大学生活中联系最多的老师，既有家长的性质，亦有领导的成分，既能使学生具有归属感，亦是学生走向社会处理领导关系的第一步。通常来说，本科生学生多，而学术导师相对较少，所以要做到学术导师对本科学生一对一的辅导较为困难。而这也恰恰是学术导师培养学生们学习社会礼仪、学会自我管理、自我组织、发挥主动性来反向领导和服务学术导师的机会。尤其是商学院的学生，这些社会技能的重要性并不低于专业技术的掌握。

（三）职业导师有利于学生理论联系实际和就业选择

双导师制度中除了学术导师外，另一重要的就是职业导师。虽然教育部目前为止还仅仅在职业教育中提倡现代学徒制，但其对现代大学仍然具有重要参考作用。学术导师通常能把握理论知识的教学，但常常缺乏实践经验和能力，并且也缺少向学生介绍就业的社会关系。而职业导师则能较好地弥补这一点。

现代学徒制起源于联邦德国，二次世界大战后的德国实行"双元制"，其在人才培养方面取得了成功，后来西方经济发达国家纷纷效仿，并对学徒制进行改革和创新，发展为西方经济发达国家职业教育的主导模式。德国的现代学徒制的实践模式是颇具世界影响的"双元制"。双元制模式下，学习者在企业与学校两个学习场所合理交替地从事职业指向的学习行为，而学校与企业是平行的提供教育服务的责任主体。英国的现代学徒制的实践模式可称为"企业本位主导的现代学徒制"。模式包括的要点，一是学习者是以"职工"或"准职工"的身份参与企业生产；二是体制化的分层学习，即基础的学徒制与高级的学徒制，国家建有资格框架与阶梯化培训体系；三是培训内容体系周延，既有职业性的能力设计，也有一般素质能力如关键能力的设置；四是考核成体系重能力，并与其他考核有效衔接，体现终身学习社会的理念。澳大利亚模式"新学徒制"主要特征：一是国家制定教学标准或培训标准，而行业企业增设特色内容；二是学校与企业协同进行教学活动；三是工作场所为主学校学习为辅的职业技能培训。上述这些模式各具特色，共同的取向是学徒制的本质即师父带徒弟与院校教育的高度融合，是与国家具体的政治、经济、产业结构、职业教育传承、利益相关者的博弈以及和技术结构与现状相结合的产物。[1]

一方面，对于中国政法大学商学院来说，学生的职业导师通常是具有丰富企业经营管理经验的企业高层管理人员，可以在职业能力提升、理论知识运用、个人职业规划、案例分析、企业实践、论文写作、人脉延展、就业选择等方面对学生予以指导。职业导师来源通常有三个，一是大学本身历年的校友资源，二是商学院本身每年招收的具有一定实力和水平的 MBA 学生，三是大学或商学院的理事等社会活动资源。

另一方面，职业导师与学术导师的交流也可以提高学术导师的学术研究水平，为学术导师提供学术实践平台，并对学生的课程设置、课程内容提出修改意见，使得学校的学术教学能紧跟产业前沿。双导师通过凸显各自的优势，可以使本科生教育达到事半功倍的效果。学生在校内可以系统地学习理论知识、获得基本实践技能，并且在学术导师的指导下提升综合学习能力，而职业导师又可以拓宽学生的视野，使其学习和掌握的专业技能得以应用和检验。[2]

对于学院或学校来说，常常希望引入一些具有实战经验或实战资源的老师。但实战型老师一方面不一定会有知识的系统性，不一定适合作为学术导师引进；另一方面由于当前高校进入的标

〔1〕 李继友、涂郑禹、杨慧：《交替融合模式：现代学徒制的一个操作模式》，载《职教论坛》2017 年第 26 期，第 59—62 页。

〔2〕 关海燕等：《独立院校本科生双导师制的实施情况与意义》，载《科技视界》2018 年第 9 期，第 47—48 页。

准较高，一些优秀的实战型人才很难引进。而职业导师则为吸收这些优秀人才提供了一个途径。

（四）双导师制有利于学生学以致用

中国政法大学商学院刘纪鹏院长在新生开学典礼上提出了"学以致用"的主张，而这区别于当前学界所热衷的"无用之学"或"无用之用"。所谓无用之学，常指在大学中的基础性、前瞻性研究，由于其很难快速推出应用成果，甚至都不知道最后到底能否有应用价值，但是一旦成功，则会带来科技或思想意识形态的革命性变化。由于"无用之学"并不能在短期之内通过应用来检验，所以论文指标通常成为衡量其价值的关键标准。又因为这些"无用之学"常被大学视为其意义、价值乃至骄傲所在，被视为大学与社会性企业区别的根本性标志，所以大学常会鄙视学术的应用，将学以致用简单地理解为职业培训，将无用之学的论文等指标置于远高于应用价值的位置。

这种对"学以致用"的理解是片面的。学以致用并不是要求学以致富，亦不要求学以致权，甚至亦未必要求学以有利于人类，而是要求知道怎么灵活应用理论去解释或改造其所描述的现实世界及其边界，知道其不可能解释或改造的现实世界及其边界。高等教育中的知识永远是在规范简化的前提下进行推理。然而在现实世界中，规范简化的情形远远少于复杂多变而非规范的情形。如果学生不能掌握理论的基本原理而只记推导结论，那么若现实环境稍有变化，学生就搞不清楚这种前提变化是如何通过推理路径影响到结论，不清楚结论应该如何相应地调整，因此，就必然做不到学以致用。事实上，当前诸多高校的学生，对高等教育中不少理论的证明过程并不关心，而热衷于死记结论，这样的学生可以在老师划定考试范围的情况下通过套公式来获得考试的高分，但在现实中不分青红皂白地套公式，必然会出问题。因此，这不是"学以致用"而是"学以致套"，学以套公式，照猫画虎。没有对理论基本原理的熟练掌握，是不可能达到学以致用的要求的。

学生时间有限、精力有限，什么都想要，常常什么都得不到。在课程设置上，必须遵循机会成本原则。何谓机会成本？就是因为做出本选择而放弃的其他选择的最大收益。机会成本原则，就是做出本选择所获得的收益不能低于机会成本。例如：对于经济金融学科学生来说，拓扑学了有没有用？不设前提的话，学了总比不学好。但是我们再进一步地问："有没有比拓扑学更有价值的课程？"那就可能有，例如：衍生品，AI，实战的模拟交易，等等。如果有，那就先换成更有价值的课程。如果最后课程多了，那就又要问一个问题："再多上一门课，与把这门课的时间拿来思考推算既有课程相比，哪个所能获得的知识更多？"如果课程已经很多以致于学生没有时间思考而只能记结论了，那显然就是思考的价值更大，按照机会成本原则那就别多上这门课了。当然，反之亦可推理。广与深的边界通过什么原则来判断？就是根据这个机会成本的原则来判断。学术导师在研判课程的机会成本方面具有专业的优势。学术导师帮助学生取舍学业、帮助学生把时间和精力集中到核心课程上，并打通各科课程之间的联系，职业导师则为理论提供实践平台和意见，实现"学以致用"的目的，使学生真正掌握知识的基础原理。

（五）双导师制有利于建立学校与学生的反馈机制

在非双导师的情况下，学生的学习主要由任课老师负责，生活和部分学习问题由辅导员或班主任负责，这些角色可以将学生的相关情况反馈给学院或学校，以促进学院或学校的改革。但首先缺乏一个深入学生学习过程来解决学生学习和生活中的困惑的角色；其次缺乏一个评估、检验和应用学生学习内容，并在产业前沿引导学生学习内容的角色，学校和学院在极为重要的课程科目设置、内容设置、奖惩机制、人才培养目标、人才评估等问题上缺乏有效的沟通渠道。而双导师则填补了这两个角色的空缺。所以双导师制度不是取代了辅导员或班主任制度，而是与辅导员或班主任相互补充、各有分工。双导师在充当学生和学校的反馈媒介方面，核心任务是对课程设置、课程内容和授课方式提出专业可行的参考意见。此外，由于双导师与学生联系密切，因此亦可能更早发现学生所发生的与学业无关的心理问题，则可尽快反馈给辅导员或班主任，从而调动更多的学校资源来解决。

二、本科双导师制度建设的思考

理论设想是一回事，实际操作又是另一回事。由于教学科研工作的繁忙，以及对各科知识掌握的程度不同，不同的导师对双导师制度会有不同的理解和操作方式。如果双导师制度设计不合理，则再美好的设想也仅能停留在纸面上而无法落实。双导师制度建设宜考虑以下问题。

（一）学术导师的激励和引导

学术导师的定位是帮助学生和学校处理好专与广之间的关系，打通各门课程的联系，以实现四两拨千斤的效果。但各位学术导师亦有自己的专业，即便在同一专业内部，某些导师对于跨课程指导仍感吃力，会成为其额外负担。再加上现在高校里面教师的科研任务繁重，对本科生的指导可能浮于表面。这是正常的现象。通常来说，实行双导师制度的第一学年，能够有 1/3 的学术导师切实履行职责，已经是双导师制度的成功。

双导师制度既然是一种制度，就必然有激励和引导机制。其体现在对学术导师的经济激励、业绩指标激励、晋级激励和荣誉激励上。在经济激励上，导师可以有与学生数量挂钩的指导津贴；在业绩指标激励上，可以用指导工作量来替代其他考核任务量；在晋级激励上，可以将其作为晋级前置条件；同时，还有其他荣誉激励。建立激励和引导机制并不是双导师制度的难题，难题在于如何建立导师工作的评价标准。学术导师的指导是基于专业内容的，学校很难对专业性内容的质量进行评估。在制度建立之初，形式化、仪式化的指标是必要的，例如：每隔固定时间与学生的见面次数、要求建立师生微信群、每次见面平均时间、学生签字和照片证明等。指导的内容质量则主要通过学生打分来完成。

从根本上说，学术导师制的根本目的在于学术交流。包括导师和自己学生的交流、同一导师的学生之间的交流、不同导师的学生之间的交流、导师和其他导师所带的学生的交流。只有这种纵向和横向交织的交流，才能形成对学术导师的内在激励，而不必过分依赖于工分式的学校考核。所以双导师制度应在交流机制上下功夫。例如：学术导师与自己学生的线下交流活动，可以通过双导师领导小组在学生群、教师群以及学校网站上发布预告消息，允许其他导师的学生参加旁听，参加旁听的学生可以获得一定种类课程的学分，当然也欢迎其他导师参加旁听或交流。交流完毕后，参与学生要整理学术交流内容，通过双导师领导小组在学生群、教师群以及学校网站上发布。在宣传上亦可以直接以学术导师的名字来命名学生组，乃至为学术导师设计旗帜 logo，以增强学生的归属感，以及学生和老师的荣誉感。

这样，通过形式化、仪式化的制度约束、学生的内容评估打分、学术交流活动及其宣传，以制度奖惩为底线，以正面引导为主线，建立起学术导师文化，最终完成学术导师相关的制度建设。

（二）学术导师与辅导员的分工和配合

在传统教学模式中，一个辅导员要负责多个班的学生。在双导师制度下，辅导员与学术导师要紧密互动，凭借各自优势相互联系。辅导员可以加入导师的师生微信群，对微信群里面的活动予以见证或辅导。但这种方法存在的问题是，一个辅导员可能要加入很多导师学生微信群，导致各个微信群分不清，管理统计起来较为困难。有辅导员提出建议，由每个学生组选出一位组长，然后各个组长和辅导员组成一个微信群，以方便管理。亦有建议由两位学术导师及其学生共建一个微信群，但各自活动，以方便辅导员管理。比较合适的办法是，辅导员在加入各导师师生群的同时，也建立辅导员组长群。这样，重要信息由组长在辅导员组长群中发布，如果辅导员觉得要了解细节，可以进导师学生群里去看。辅导员组长群中组长之间相互沟通信息，也有利于学生之间的彼此交流。

（三）职业导师的激励和引导

职业导师在大三下学期引入，而商学院的双导师制度正式全面推行还不到一学期，所以职业导师尚未试水。职业导师与学术导师的最大不同，在于职业导师主要在学校的日常管理之外，对其制度奖惩和正面引导的作用都有限。正因为职业导师主要在学校的日常管理之外，所以撤换职业导师较易执行。因此，职业导师重在选，注意选择那些德高望重、经验丰富且身怀正能量、具有职业道德、愿意适应学校要求的人士来担任职业导师。

同样地，在制度上需要规定职业导师的形式职责，例如：在一定期限内与学生见面多少次、每次见面多长时间、安排实习机会、提供就业指导。在激励方面除了发放聘书、支付一定的资金报酬外，还可以邀请职业导师讲课或举办讲座。学术导师与职业导师之间应建立较为密切的联系，了解职业导师的需求并作为与学校沟通的渠道之一。但是，学术导师是不应该为职业导师的行为负责的。

双导师领导小组可以加强对职业导师辅导活动的宣传。职业导师每次线下辅导之后，要整理辅导内容、图片乃至视频，在学生群、教师群以及学校网站上发布，并将相关链接转发给职业导师。每过一定时期，双导师领导小组可以整理各位职业导师对学生的辅导活动、提供的实习机会、就业机会等信息制成统计简报，在学生群、教师群以及学校网站上发布，并将统计简报推送到所有职业导师。一方面对做出贡献的职业导师能起到激励作用，另一方面对辅导不得力的职业导师起着鞭策和督促作用。

（四）学术导师与职业导师的分工和配合

学术导师重点负责学生的学术研究和学习，职业导师重点负责学生的社会实践、实习和就业。但随着社会经济的发展，现代学术的前沿很可能掌握在企业手中而不是在大学里面，所以职业导师在学术方面亦可能具有前瞻性。学术导师与职业导师之间应形成相对固定的对应关系，即一个学术导师指导的学生与一个或几个职业导师指导的学生是同一批学生。在长期共同指导学生的过程中，学术导师与职业导师之间应建立起较为密切的联系，听取职业导师关于课程科目、课程内容、学生培养等方面的建议，了解职业导师的诉求。

由于职业导师通常工作繁忙，学生每次主动或被动与职业导师联系，都要抓住稍纵即逝的机会，否则就容易被职业导师疏忽，从而使职业导师的指导形同虚设。学生在和职业导师联系之前，要准备好求教的问题、请求的事项，用清晰的语言表述自己的诉求。而这些准备工作就常常需要学术导师的指导。职业导师指导学生时，学术导师亦可以在场。事实上，职业导师不仅可能为学生提供实践机会和思想指导，还可能为学术导师提供合作机会，实现产学研的结合。

三、总结

双导师制度，尤其是本科生的双导师制度，虽然早已有高校在实行，但尚未成为一项成熟的制度。即使是研究生、博士生的导师制度，尚且有诸多缺陷。事实上，本科生相比研究生、博士生来说，更加需要导师，更加需要学术导师和职业导师。因为从本科生到研究生再到博士生，不过是大学生活的延续，但从中学生到本科生，则是学生从家庭生活走向成人生活的巨大变革。在生活上，一是远离父母，二是同学之间也不再因为属于同一个班级而整天在一起，而是因为选择了共同的课程在一起，所以不同的课程上有不同的同学。即使同在一间教室上课，每次上课坐的位置还不同，前后左右乃至同桌的同学之间再也难以建立可靠的纽带。上大学之后这种突如其来的人际疏远会导致学生们产生巨大的心理落差。在学习上，中学的学习思维与高等教育的学习思维完全不同，中学的课程通常有标准答案，而高等教育课程中常常没有标准答案，相反是流派繁多，对同一个问题的解释可能截然相反。各门课程之间似乎也关联不大，所学知识在整个课程图谱中处于什么位置，对以后工作有什么帮助，学生们面对突如其来的知识爆炸感觉摸不着头脑。在人生的这个重要转折阶段，尤其需要辅导员、学术导师和职业导师的共同介入，为学生找到家的归属感、找到深入浅出的学习方法、找到人生职业的规划目标。任何管理的精髓，都在于天天讲，月月讲，年年讲，久久为功，坚持就成为一种习惯，进而成为文化。世上没有一蹴而就的管理。本科生双导师制度也是如此。

会议实录

Conference Record

新法学、新教法：新时代创新法学教育教学方法研讨会

2018年12月9日，由中国政法大学法学教育研究与评估中心、教育部全国法学师资培训基地、中国政法大学教师发展中心合办的"新法学、新教法：新时代创新法学教育教学方法"研讨会在北京举行。来自中央财经大学、中国社会科学院、中国人民大学、苏州大学、郑州大学、浙江大学、厦门大学、西南政法大学、西北政法大学、甘肃政法学院（现更名为甘肃政法大学）、北京外国语大学、《新华文摘》杂志社、《环球法律评论》杂志社、《中国法律评论》杂志社和中国政法大学的学者们汇聚一堂，围绕论坛主题进行了深入的交流与讨论。

召开本次会议的目的是深入贯彻习近平新时代中国特色社会主义思想和党的十九大精神，全面贯彻落实全国教育大会的精神，贯彻落实教育部《关于加快建设高水平本科教育 全面提高人才培养能力的意见》（简称新时代高教40条），贯彻落实教育部、中央政法委《关于坚持德法兼修实施卓越法治人才教育培养计划2.0的意见》，坚持立德树人、德法兼修，践行明法笃行、知行

合一，主动适应法治国家、法治政府、法治社会建设新任务新要求，找准人才培养和行业需求的结合点，深化高等法学教育教学改革，提升法学教师教学能力。

本次研讨会以"新法学、新教法：新时代创新法学教育教学方法"为主题，分为"新时代法学教育教学方法：传统与创新""法律实践教学：理想与现实""教师教学能力提升路径""比较视野下的法学教育方法"四个单元。

开幕式

开幕式由中国政法大学人事处吴平处长主持，中国政法大学副校长李树忠教授致辞。

李树忠校长首先对本次研讨会的成功召开表示祝贺，对参会的各位学者表示热烈欢迎。他表示，教育部高等学校法学类专业教学指导委员会于 12 月 8 日成立，本次会议恰逢其时，意义重大。他强调，教育最根本的目的在于培养人才，要调整学校的相关制度安排，在制度设计上回归教育的初衷，改变对高等教育的评价标准。在新时代背景下，对中国的高等教育提出"全面振兴本科教育"的要求。回归本科教育，建议对学校的教育理念进行调整。理念观念方面，学校的政策、制度设计方面应当考虑如何回归。教育部也认为改变这种现象最根本的措施就是改变对高等教育的评价制度、评价标准。所以教育部才提出反"四唯"，反"五唯"。大学里面设置对于学者申请重大课题、重大项目的奖励配套，对于科研成果的教学配套，对于发表论文的奖励机制。同时还存在重复奖励的现象，学校有奖励，学院也有奖励机制。这样，有的老师对教学就会有所忽视。要求老师在重视科研的同时也重视教学，对教师的压力很大。浙大曾经对本科教学特别优秀的老师奖励上百万元，但能够激励的一年也就几个人，大多数人看得到摸不到。怎么样在制度设计上回归教育的本心初衷去"培养人才"？我们现在强调的四个"同等重要"：教学成果和科研成果同等重要；教学项目和科研项目同等重要；教学研究的论文和科研论文同等重要。但实际上，它们的地位并不是同等重要。学校里发表教学研究的论文在评职称的时候是纳入考量的；但评委评的时候，教学研究的论文和科研论文的分量明显不同。所以要扭转该局面，学校的相关制度安排必须要调整。

另外，李树忠校长指出，法学教育教学本身对教学方法有新的挑战和要求。现在的信息技术给教学、教育都带来了挑战。过去教师连 PPT 都不太会，现在时代确实改变了。有的委员说，参加过教学方法方面的评审大赛，学教育学的、学理工科的教学形式和教学设计比学法的教学形式和教学设计好很多。研究新的、更好的教学形式确实对教师也是个很大的挑战。教师强调以学生为主体、以学生为中心，怎么样做才能更好地适应这样一种教学方法的改革呢？对教师来说，改变教学方法和教学习惯非常之难，相当于是自我革命。但教师们要去推行法学教学方法这方面的改革和创新，包括教学内容的改革，教学方法的改革，增加实践教学、案例教学等。所以，怎么样能让教师花费更多的时间和精力投入教学、研究教学，非常重要。

教师发展中心建得较晚，前后斟酌了很久。首都师范大学的教师发展中心在国内建得比较早，它当时叫"教师教学发展中心"，请了很多域外的学者帮忙建设，后来叫"教师发展中心"。有的放在人事处，有的是独立的设置。经过反复的调研和斟酌，最后取名"教师发展中心"。不仅仅是教学，还包括教师自己的职业规划。教师发展中心虽然成立时间不长，但是王蔚老师在这里做了很具有开创性的工作，京内很多教师都参加了，还可以扩展到域外的教师教学研讨。希望通过教师发展中心这样的方式，大家可以认真研究教学，夯实教师的基本功，扩大影响力，让大家都重视教学，把它转化为人才培养的一种质量，一种水平，一种能力。

第一单元

第一单元的研讨由郑州大学法学院院长苗连营与《中国法律评论》执行主编袁芳共同主持。中国政法大学法律硕士学院院长许身健就《互联网＋法律教育背景下的教学——以模拟法庭教学为例》进行了发言。浙江大学光华法学院常务副院长周江洪的发言题目是《智能审判下的教学》。在点评环节，中国政法大学比较法学研究院院长解志勇和中国政法大学法学院法律史研究所所长崔林林先后点评发言。

发言人：许身健

我想尝试谈这样一个话题：在互联网时代，怎么助力于教学。我们都知道，模拟法庭教学不管在中外都是很受关注的教学方法，但是要搞清楚它与实践教学是结合在一起的。在这里我们就有必要明确"实践教学"的概念。其实"实践教学"就是一句话"做中学"，Learning by Doing，是体验式的。这是一个前提。当然，现在很多高校把案例教学、研讨课、实务人士办讲座看作实践教学。但我认为这不是一个具有"做中学"意义的实践教学。特别是中国的法学院有一个不好的现象，就是向实务界的人士全面投降，认为他们天然就可以讲实践教学，这是错误的。这反映了法律人不太关注教学方式、理论的问题。教师这个职业是神圣的，实务人士必须经过培训才可以教授实务技能，而且实务技能不是讲出来而是做出来的。还有一个问题就是学生自己组织模拟法庭活动。要注意，模拟法庭应该是课程而不是活动。还有，现今中外都非常关注模拟法庭比赛"奥运金牌战"，虽然很有显示度，但与实践教学还是有区别。

模拟法庭课程，我国的法学院更多关注整个庭审过程，但实际上这是培养学生发现问题、解决问题和言语表达的一种综合性能力的过程。模拟法庭最核心的方法即点评反馈法，就是先让学生自我点评，自己反思，哪里值得肯定，哪里值得改进。同时让同学点评，给所有同学增加这样的一个任务。最后由老师点评，点评也是分优缺点的。分四步：点题、回放、诊断、治疗。模拟法庭是小班，学生的参与度不够，学生回答完问题后关注度不高，很多都去看手机了。我认为应该为学生增加任务，增加参与度。另外，我们知道学习是从预习、学习到复习的过程。但是我们的法律课题做不到。那么如何解决这样的问题呢？答案就在于互联网。当然我们在中国政法大学开了一门课《法律运用技巧》，效果非常好。但最大问题在于我们教师人数少。所以信息技术是关键，解决问题靠技术手段。

课堂是什么样的，现在观念已经发生了变化。传统是学生围着老师打转，这要改了，谁才是课堂的主人。很多老师认为靠老师的魅力，学生看老师的表演，但这是靠不住的。建议利用现今科技的简单技术高效性，让学习过程变为学生主导、老师推进的过程，变为学生提问、老师反馈的过程。我们现在的社会不是一个人，需要团队精神的配合。学习的过程也应该是集体性的。还有学生喜欢在线学习，可以避免社交互动。另外，要发展技能，最好的办法是测试这个技能。所以刚刚讲的点评反馈意义就在这里。信息技术发展很快，新一代的青年人从出生就开始接触电脑，时间碎片化、学习移动化，很容易利用短视频等现代技术进行反馈。翻转课堂的模式可以创造一个以学生为中心的环境。重要的是，学习的过程不再是单独被动的过程，而是社交的过程。学习有两个层面：个体性层面和群体性层面。翻转课堂是符合学习规律的。我们要提升教学技能、钻研教学的理论。现在我正在尝试搞一种平台，它缘于我们学校模拟法庭的立体教材。这个平台是有多媒体的，有互动教学，利用大数据的分析，利用手机建班建群，这样网络、电脑更加便捷好用。对于时间碎片化问题，利用网络平台课前上传材料，课中进行点评，课后由老师和以前上过课的学长学姐点评，再把经过点评后修改的内容上传到网络上。符合"预习、学习、复习"这样的规律，我估计这样的效果会很好。

发言人：周江洪

人工智能对法学教育的影响大家都比较清楚，我们的会议材料上有一个茶座就是讲"人工智能时代与教学模式的变迁"。但是我自己感觉，以前我们关注的，可能更多是法学教育如何利用这些技术的问题，我们把其当成手段而已，属于教学方法、教学质量的问题，更多关注的是研究方法、研究手段、研究对象的问题。但是我觉得人工智能发展不仅仅是方法、研究对象的问题，对我们法学教育也会有影响。

我想简单说下智能司法的发展情况，特别是智能审判辅助系统的开发。其实，国际上对其利用主要集中在裁判的预测、合同文书的审查、案例的检索等。在国内，智慧法院建设很快，首先运用最多的是电子化、数据化、语音识别系统等。另外，裁判文书格式固定一键生成，这个基本国内各个法院都能做到。还有一些实体裁判的裁判系统，比如我们北京高院做的睿法官系统以及苏州中院做的法官预警系统，推送模拟裁判。总体上来说，一个算法可以做到从立案到裁判文书的全自动流程的实现。在 2018 年上半年，浙江省高院、阿里巴巴、浙江大学一起联合开发了一个项目，想实现这个过程。目前从第一阶段的过程来看，我们在简单的欺诈类案件中已经实现了实验室环境中从立案到裁判文书生成的全自动流程，无需人工干预。而且判决书比起人工法官写得毫不逊色。从我们自己的经验判断来看，智能技术对司法的影响同样会影响到对法科人才培养的环节。我们应该教给学生什么？我们能够教给学生什么？要理解职业法律人在此阶段可以做什么，能够做什么。比如说，语音识别系统的广泛运用，裁判文书固定格式的自动生成，必然会使得我们司法文书写作的教学受到冲击。我想结合人工智能的开发利用各个环节来谈谈自己的想法。

开发过程中，我们能够做些什么？从我们前期的经验来看，没有监督的学习方式在法律里面的效果很不理想。必须依赖人工的方式事先绘制知识图谱，主流上依旧把握"知识图谱 + 深度学习"这种模式。实际上，没有人工就没有智能。我们职业法律人的角色就是绘制知识图谱、标注要素，过滤、清洗案例大数据，构建逻辑推理算法等。

系统运用当中我们又能做什么？系统判断为机器无法判决的疑难案件需要由人工来操作。机器的运行需要职业法律人进行纠偏纠错，不断更新知识图谱。在法科培养之下的人工智能方面，裁判系统如果开发出来的话，我自己有几点不成熟的想法和思考供大家批评。首先，还是要坚持法科思维的养成和强化培训。以图谱绘制为例，针对不同法律的构成要件，从法律规范和案例数据库中绘制出知识图谱。将法律规则分解成一个个逻辑模型。这样，可以精密算法，比我们上课时讲授的构成要件要细致很多。其次，关于类案技术，在知识图谱的绘制过程中，要让机器学会判断是不是相类似的案件。我们是成文法国家，对类案技术的推进相对缓慢。类案技术法律思维的训练可能随着人工智能辅助系统的开发而不断加强。

必要的人工智能知识的习得如何保持，还有学习动力的问题。需要学会相关专业术语，不仅仅是能说几个时髦的词。要不然法律专业人无法与技术研发者进行交流，不可能在一起进行智能审判的开发。就像大家考驾照，会开车首先需要学习机动车相关的知识。要会利用这个系统，一定要学会相应的知识。然后，技术伦理如何在法律伦理中体现？建议在教学伦理中进行加强。还有教学方法的更新。如果像很多公司设想的，在智能审判的基础上开发互联网法律服务平台，当事人可以直接在系统上预判自己的案件。我们学生将来在学习的时候，也可以将这样的系统作为参考，反过来提升我们的教学方法。互联网方面，跟互联网法院合作，做类似于"法庭之友"的项目，直接介入法庭审判，学生后续可以进行模拟二审、上诉审等。这本身就是一种教学方法的更新。虽然像我们学校开设有《人工智能与法学》课程，但我们现在更多关注的是人工智能发展后各个部门法的问题，包括它的法理问题、法律伦理问题等。更多关注的是研究，但是如果我们的人工智能审判进一步发展，我们可能要反思我们的教学方法、教学内容、教学组织、教师的能力等问题。

点评人：解志勇

现在的法学教学也是我思考比较多的问题。我去过新加坡的南洋理工大学翻转课堂的现场。他们相对使用得比较早，而且技术比较先进，是一种综合性利用互联网和一些相关的影视设备的技术。但是达不到昌平智慧教室的智慧程度。比如说，一个学生进行发言，同步会有声音采集、图像采集，自动地识别。当初我们设想过，在远程教学中这样做非常必要。但后来发现效果并没有那么明显。现在的一种形式就是所谓的"录课"。我曾经试验过，将上课的过程录下来给没来的学生看。根据学生反馈，两者的差别很大。录课方式缺少课堂上微动作、微表情的互动感及连贯性，现阶段互联网教学仍然无法替代人工。我认为"互联网＋"对我们就是一个辅助而已。我们现在可以在课堂寻找到二十几个要素，互联网可能只对一两个要素有提升的帮助。同样，在知识本身，人工智能辅助审判或者是教学过程中需要同学们掌握某一种特定知识的话，那么人工智能对提升这个要素可能是有帮助的，但就整体的教学而言，我个人感觉法学自身的更新速度，本身也需要在极强的经验模式下去派生一些新的理论经验和发展。这样的实际情况，就要求我们强化现场的互动教学。比如说，我对一个案件的感受和其他学者是不一样的。比如，同样侵害姓名权的案件，民法学者认为侵犯姓名权，宪法学者认为侵犯公民的基本权利等。教师对案件感受不同，传递给学生的信号是不同的。现阶段"互联网＋"对教学而言只是辅助性的。法学教育需要极强的经验分析，强调现场的互动感，减少知识的碎片化。

点评人：崔林林

首先，我今天从两位主讲人的讲解中得到了很多启发。启发是不同角度、不同方面的。我非常认同解老师的点评，无论形式如何变化，形式需要服务于内容。我们的法学教育不仅是人的教育，强调的还有人的培养。人的教育更多的是一种人的互动。特别是在法史学的学习过程中，更强调思想的碰撞。机器只起到辅助性作用，不见得是一个主导性的作用。关于这个问题，因为我们同学中有很多从事公检法、律师工作等，同学之间交流关于人工智能在未来是否会取代律师或者法官等问题，大部分人还是认为跟法律相关的工作是人的工作，人所发挥的独特性作用是机器不能取代的。当然机器的辅助性作用是未来的趋势，但我们对于主次是要分清的。

因为我本身是法史学的老师，对今天本来日程中老师所讲的中华法治文明的这样一个课程设置问题特别感兴趣。对法史学来说，我们这个主题"新法学新教法新时代"的创新在哪里？对法史学来说，新的问题可能更复杂，我们面临的问题会更多。我简单说两点请教在座的各位专家，一个是说我们现在的法史学的教学主要还是六法体系。中法史也好，外法史也好，全是按照六法体系的套路下来的。但实际上传统法尤其是中国传统法，没办法跟西方的立法体系一一匹配，所以用西方的这套法律的研究范式或者是教学范式来套中国传统法的话困难特别多，问题特别大。现在法史学界也有很多新的想法，比如说重构中华法系的说法，打乱这样的一个规划体系的结构。当然这个路程比较漫长，因为我们老师自己接受的法学教育就是西式的法学教育，所以如何重新构筑自己的话语体系和逻辑范式难度很大，但是我觉得这个是中国法制史未来发展的方向。另外，也是刚才两位发言人给我的一个启发，在法史学的教学当中，我想起一个词叫"情景式体验"，比如说中国法制史，从法规范的角度来讲，对学生来说意义不大，也会有很多的质疑。比如我们学清代的法规范有什么意义？我们从学生的反馈上看，回答这个问题也会有很多的困难，但我想对于法规范内容上很难跟六法体系相扣。我们是不是从情景体验这个角度来重新研究法制史教学的框架和结构，比如说让同学去体验清代的法规范在实践当中是怎样用的，具体案件是如何起诉的，整个审判过程到最后判决执行是具体如何操作的。这个就不是西方话语下的法规范的运行方式，而完全是中国传统法的运行模式，可能更像法社会学的历史情境下的运行模式，我想这个可能有助于我们的学生更深入地、更准确地体会传统社会对于法的运行的方式。

最后，法史学的教学的过程当中，如果在方法、内容上进行调整，面临比较大的问题就是中法史是一个必修课，必修课等于最后要统一考试，所以大家讲的内容基本上得是一样的。那么这种模式实际上给老师教学带来比较大的困难。比如我们刚才说从方法上的这样一个创新，或者从内容上的这样一个调整，就需要教学管理部门给老师更多的空间，给老师一个多元化的选择，允许大家尝试不同的教学内容和不同的教学方法。

发言人：周江洪

首先，法律思维的训练在人工智能时代更加重要，但是我们训练什么是不一样的。因为疑难案件当中，机器不可能完全替代法官，但简单案件当中是完全可以实现的。根据以往的经验，如果教师将来教给学生的 $1+1$ 等于 2，这些东西就是用计算器就可以去实现了。但是教师是可以去教给学生更多的，比如说像圆周率 π 也不需要去讲，可以直接利用机器去实现辅助教学。法律思维的训练变得越来越重要。整个智能系统的辅助开发应用当中，法律思维不再是粗放型的，而是向精细化发展。现在做出机器能够识别的法律图谱非常重要，但工程量巨大，比如 25 个法官和大量的学生一起用了 4 个月的时间才构建了一百多份知识图谱。所以原来的教学在系统开发当中可能就跟不上，法律思维训练也不够清晰。

发言人：许身健

特别感谢两位点评人，特别是志勇老师善意的提醒。正是因为我们有特别好的老师，所以学生特别珍惜跟你互动的时间。那么为什么要有"互联网＋"，因为它是一种需要。利用互联网，一个小班可以变大。另外一个就是利用课前的时间，文章在开课前都看过了，上课的时候就不用再讲了。针对学生的问题可以直接交流。上课讲授交流之后，还需要课后再次交流。我们高中的时候预习、学习、复习，大学生也应该保持这种规律。第二个问题就是各学科都有各自的特点。关于模拟法庭教学，我认为翻转课堂确实是一个抓手、一个助手或者说是一个仆人。因为它不是老师讲的，而是需要上课的时候练习，那么可以把它通过利用网络在课前、课中、课后反复地练。至于说知识的传授，是不是只有讲演式才完全有效？我认为每种方法都有好处，每种方法都有问题，还是要综合性地考虑。最后一个问题，老师到底在课堂当中是扮演国王，还是扮演一个教练，这个是我们需要思考的。

第二单元

西北政法大学教务处处长陈京春和《新华文摘》杂志社编审王青林共同主持第二单元的交流。与会专家就"法律实践教学：理想与现实"进行了分享和讨论。中央财经大学法学院院长尹飞教授以《法律实践教学》为题目作了报告。浙江大学光华法学院院长助理郑磊作了题为《2018 年修宪中〈宪法学〉教学契机论纲》的汇报。苏州大学王建法学院副院长程雪阳以《社会功能分化视角下的法学本科教育改革与人才标准完善》为题目作了报告。点评环节，中国政法大学法学院法理学研究所所长王新宇教授、中国政法大学诉讼法学研究所胡思博副教授先后发言。

发言人：尹飞

法学是一门实践性很强的学科，一定要破除体制机制壁垒。两种模式：一是美国模式（"做中学"），所以这也能解释为什么在美国律师出身的总统比较多一些。二是德国大陆法系模式，尹飞院长认为它可能是一个"案例练习 + 实习"这么一个模式。比如说，在德国上合同法，先讲两节，然后教授进行几百人、上千人运动式的授课。课下就分成小班，做练习，然后去考司法考试，考的也是那套东西。学生到现场去看过，然后弄完之后第一次考试通过了，接着两年实习完之后就可以上手直接去裁判案件。这个可能是和大陆法系成文法的传统密切联系的。

中央财经大学一直也很重视实践教学、诊所教育等。美国式的这套东西在我国缺乏相应的制度基础，所以全面转向德国式。比如说美国的刑事责任宽泛，车辆超速都算刑事责任，行政处罚是以诉讼的模式进行的，所以它有大量的案件。另外，法院在诉讼制度上还有自由裁量权，比如说很多法院可以允许法学院的学生在没有拿到执照的情况下上庭。这些条件可能为实践教学开辟了广阔的前景，但是这些在我国都没有。所以说中央财经大学的做法是将课程模块化，以法学的一级学科为基础，然后以财经法及与市场经济有关的法律为特色设计整体的课程体系。整体的基础法律模块跟中国政法大学没有什么区别，但是需要强调的是中央财经大学财经法的模块。财经法的分量会很重，比如说民法本科有 14 个学分，研究生可能会更重，这就要仿照德国的做法。当然美国的东西也会学一点，现在有疑难案例分析课程，还有一些财经类的课程体系。

在整个实践教学里面，中央财经大学现在致力于打造一种基地、课程、导师的三位一体模式。基地方面，目前形成了以国家级法律法学教育实践基地，以及六个跨学科的基地，还有若干专门性的法律教育实践为组成成分的基地群，规模在不停地扩大，目标是在 2019 年把北京所有的基层法院都涵盖进去。然后配合实务导师把学生输送到基地，在职业法官的指导下进行实践。实践导师也会有相当一批企业的法务总监。要努力地构造一套"案例研习 + 实训"的体系，而且作为一个教学成果，让学生能够在课上把知识学清楚，然后再通过模拟法庭课程仿真地训练，最后再实习。

另外，在风险防控意识和技能这方面需要进行强化。比如民法的分析可能不只是侵权技术检索的这些问题，可能要讨论证据由谁来举证。另外，比如学生作为当事人或者当事人的法务顾问，在合同出现纠纷时应该选择何种纠纷处理方式？在什么情况下应当让步？可能最后大家倒推出风险防控的问题，以及合同治理各个环节，具体哪一块出了问题，等等。所以学生需要去完整地学习，而不是单纯地解决纠纷。尹飞院长认为对于大数据、人工智能普及之后将来会怎么办的问题不用焦虑，目前来看，法学教育需要更基础化、更人文化。

发言人：郑磊

我从部门法的角度，从宪法学的角度来和大家聊一下 2018 年，或者说新时代的一些教学契机。因为我们知道在新时代我国宪法发生了改变，于 2018 年 3 月 11 号进行了修改，那么修改给我们的教学会带来什么样的影响呢？我可能是用传统的教学方式来讲新时代的问题，因为我们知道，在法学教育过程中怎样处理法律的规范性以及社会适应性，不仅是法学发展法学研究，也是我们法学训练的一个传统的关键性命题。通过 3 月 11 号的修宪，很多原来经验性的政策命题，通过政治决断上升成规范性的命题，面对这样的变化，我们应怎样应对？

我想和大家聊这样两个层次的问题，一个就是总体观念上的延续运用，另一个是素材的变化。首先，以这次的修宪内容为例，一般性法律的修改或者说宪法的修改，相互之间内容是没有关联的，但这次的修宪在教学过程中我们可以突出明显的体系性。体系性就是说它的内容一方面发生在序言总纲板块，一方面发生在国家机构板块，然后用党的领导条款横贯始终，我在上课过程中就讲这可能是一个哑铃状的修宪体系。在这个基础上，原来一些政策性的命题、党的文件中的一些命题，现在变成了一个规范命题，因此，这个变化的过程可能是一个重要的梳理角度。通过这个变化过程去显现法学教育本身围绕规范或解释学的立场。如果说针对每次修宪概括一个主题词的话，那么这次修宪的主题就是"党的领导"。我认为五次修宪可以从"私营经济""市场经济""依法治国""人权入宪"到"党的领导"这五个关键词中体现出时间轨迹。再比如说，党的领导条款对宪法学研究、法学研究、宪法学教育都是核心问题。中立地、带着法学立场去看，最基础的就是通过历史性地梳理来探讨在中华人民共和国历部宪法里面是如何以叙述性文字体现在序言中，可以做一个比较。

在教学过程中，怎样从政策去看规范，怎样从部分去看整体，以及怎样以规范的历史角度去看规范的变化。就具体的方面，序言总纲板块和国家机构板块呈哑铃状的修改。针对序言有无效力的争论是宪法学教育特有的现象。本次序言总纲板块的修改带来我们宪法教学上的一些变化。本次关于第七自然段有很多的修改，涉及在新时代以来的一些成就。这里有一个前提，中国宪法序言有没有效力的问题。其实也有人说这是一个伪问题，问题并不是来源于它本身是否有效力，而是它有没有用，如果没有用怎么知道有没有效力。这个话题本身随着这次修宪合宪性审查的一系列推进也提供了一些契机。序言修改后第一部分讲历史中，确认了五位一体、新发展理念等一些内容，它的效力应如何展现。第十、十一、十二自然段做了很多从统一战线到民族关系再到国际关系等一系列国家任务的安排，这些在序言的逻辑结构里面能更明显地展现出来。

关于国家机构这个板块，四方面的内容非常清晰：国家主席条款的修改、设区的市的扩容立法、监察委员会的入宪以及宪法和法律委员会的入宪。那么我就以监察委员会为例，比如说留置、全覆盖等一些话题，但其实这些话题都不是宪法关注的。反腐败固然是它的一个重要意义，但监察委员会在宪法上更关注的是对人民代表大会制度的丰富和发展。在宪法修改的 21 条中有11 条是为监察委员会服务的。其中大部分都是关于监察委员会组织法的内容，以及它和人大的关系的话题，跟人大关系话题直接相关的有 8 个条款是这样的意义脉络。除了这两大板块之外，我觉得本次修宪对教学中跨学科研究也非常重要。比如说美丽中国的建设以及一些环境条款的变化，直接带动了环境宪法的一系列研究。它既有五位一体的布局以及国家发展目标的变化，也有国家任务条款部分相应的修改，以及原来的国家资源条款和环境保护的条款，我觉得可以将部门法交流联动起来更好地促进部门宪法的发展。

发言人：程雪阳

现在法学本科教育改革中确实面临很多的问题，早上各位领导、各位老师谈了很多很重要的方面，比如说人工智能的方面，我想谈的是我们的人才标准，还有课程到底应该怎么来设置。我是从功能分化的角度来看的。大家回顾一下，在 2002 年之前想从事法律这个行业的话，你必须大学毕业，你必须上过大学才可以。这说明这个社会对从事法律有很高的要求。那么再到后来，像 2018 年，你必须在大学里面接触过法学院的教育，才可以从事法律这个行业。政治系统和法律系统进一步地分化，包括教育系统里面内部也进行功能的分化，那么分向分化的结果是什么？就是法学院现在成为大学教育和法律系统的一个连接口，想进入法律系统的人必须通过法学院的渠道才能进去。这个时候法学院的课程设置，人才培养到底应如何进一步发展和完善就特别重要。现在我们面临的问题是很多大学都设置了法学院，但是法学院的学生就业率很低。而且到底应该以什么方法、以什么目标来培养学生，这也是值得思考的问题。我觉得在过去很长一段时间里面，我们主要是以培养学者、政治家作为我们法学院的培养目标。但实际上，现在学生更多的就业的机会是去实务部门做律师、法官、检察官。这个时候到底应怎么去做这项工作。很多学校很心急，想迫切地提高学校的实践教学水平。有一些比较急功近利的做法，是把律师、法官请到学校来做老师，但他们的知识是很片段化的，而且他们主要是以讲故事的方式教学。实际上最后导致的结果是学生的知识体系并不是很完善，而且我们开设的那些课程，有的时候侧重点是诉讼技巧，比如说庭审的把控技巧，或者诉讼的技巧，对学生基本的法律论证能力没有帮助。前面很多老师谈到了，人工智能在目前法学的背景下，我们法学院在这个社会上存在的功能和意义是什么？我自己也有所思考，我写了篇文章就讲这个题目。我觉得我们法学院肯定不可能被取代，但是我们的功能是要有变化，就是我们的教学核心还是要去教授学生一种方法，这种方法也是面向实践的，但那种实践不是技巧，而是法律推理和论证的能力。这个才是我们法学院存在的意义和我们的功能。想培养这种能力，关键就是对学生进行法教育学的训练。今天早上还有学者讲了社科法学和教育学的这种分歧，其实我们的课程教育里面不是社科法学。不是社科法学和教育法学的问题，是概念法学的问题，很多都是在讲概念，不是真正体系化地解释法条，也没有做这方面的训练。社科法学很重要，但最后社会学知识、经济学知识、政治学知识，在我们法学的课程上和研究过程中，还是要回归到条文解释的问题。如果转换不成法律上的解决方案，社会学知识、经济学知识、政治学知识也就没什么意义了。法官还是没办法来处理法律上的问题。所以我觉得我们的培养的目标应该朝着法律推理、法律论证进行，这就会对我们的课程改革提出要求。教育部在 4 月份提出了 "10 + X" 的改革，我们也到了各地很多学校去调研，从调研结果中我发现：第一个是 10 门课里面，比如说法理、宪法、法史这些理论法课程，那么它们跟我们法律推理和论证就有一定的距离，怎么去处理这一问题？怎么去完善这些课程，使它服务于我们的法律推理和论证？我觉得这个是可以改革、可以完善的。第二个就是 X 到底怎么去设置？教育部讲的是不少于 5 门，我觉得应该改为每年不多于 5 门。很多老师谈到了翻转课堂，翻转课堂当然很好，可是现在我们的学生课程多，每天都在课堂中间跑来跑去。不要说课下学习，上课能把它听好都是挺不容易的。那么在这种情况你要求学生课下看完材料上课时讨论，如果他不看或者他说没时间看，你上课该如何讨论。所以我觉得关键还是怎么把课程减少。但是我发现所有的学校都只做增量改革，确实，改革会触动现有的利益，但是我觉得还是要把课程数量降下来，然后上好核心课程。像牛津大学就 10 门课，学生把这 10 门课上好就行，其他的课程可以选修。课程数量降下来以后，以法律推理和论证作为教学训练的核心，更好地体现我们法律职业的魅力。

点评人：王新宇

刚才听了三位发言人的发言，大家对新时代的理解都带入了自己学科的特点，比如尹飞老师带入了自己财经大学的特色。然后刚才郑磊老师把新的修宪的内容带到了课堂、教学里面去，这是他们在新时代背景下对教学的改变。程雪阳老师刚才的发言让我感触最多，他对社会功能提出了一个新课题，就是在新的社会形势变化之下学生就业的问题。我们的教学目的怎么来满足社会需求，让学生有一个新的就业前景。我更感兴趣的是他提出的教学模式转化要引向法律推理和法律论证。我是法理学的，这是我们主要的教学内容之一。潘院长提出如何满足学生趣味，让学生更欢迎。但是从教师的角度去评价的话，它的受益性很低，是一种虚假的繁荣。另外，在新形势下如果要满足社会就业市场的需求，那教学可能会转向功利性。我们去研究的时候，是否每个学科都带有这样公益性教学的目的。比如在法理学教学过程中，我们改教材时增加了一章"学习法理学的意义"。当时有学者质疑说法理学太虚了，课程设置有没有意义。而且当时提出来"振兴法理学"的口号和我们现在提的"振兴本科教育"的口号有异曲同工的地方。但是从理论上来说的话，法理学和其他学科有一点区别就是学生从大一开始学习法理学课程。所以法理学的教学面临着一个特别艰巨的任务，把大一懵懂的"小天真"变成特别冷静的"理性人"。在课程开设过程当中也有法理学研讨课，但是这个研讨课的开设也带有一定的功利性。比如说我们试图发现可培养的后继性人才。另外，还有更高学术追求的老师，研讨课其实是更高的学术训练，教会学生去读文献，研究文献，完成学术上的训练。

点评人：胡思博

非常高兴有这样的机会跟大家交流，因为我本身学民事诉讼法，这是一个相当接地气的学科，实践性非常强，因此，我本身对实践教学也非常关注，同时也非常迷惑，无论我们的学生朝哪个方向培养，是培养实践人才还是理论人才，基本的实践知识都是非常重要的。哪怕培养的是理论人才，但是他们所引用的或者是向西方学习的这些知识如何能够与中国具体的国情相结合，也是以对实践一定的了解和掌握为基础的。但确实实践可能不是大部分老师的特长，但是刚刚有老师也讲到了，我们请来的实践部门的专家，他们本身的工作责任心、重点和教育的能力会有所欠缺。那么完成实践教学的任务交给谁？我认为，在没有十全十美的方案下，还是应该由我们这些专职的校内的老师来承担。所以说对于这些老师做律师、做仲裁员，我本身是持支持态度的，这是有助于我们的教学的。另外，关于我们实践课程的表现形式。现在很多模拟法庭活动我也参加过，这种活动的出发点是好的，但是我觉得存在一些问题。比如说我们现在的模拟法庭主要模拟的是庭审阶段，大家知道在民事诉讼里面，庭审恐怕不是诉讼的根本和重心。当下的模拟法庭并没有把如何去接待当事人，如何能在庭前准备阶段收集证据等环节加入进去。这对我们学生能力的培养有一定的局限。同时，我们模拟法庭似乎把整体模拟的环境设置得非常真空。实践里民事诉讼非常复杂，存在当事人说谎，原告和被告恶意串通，法官语言暴力变相剥夺当事人的诉权等非常现实的问题，建议在实践教学中与真实的诉讼环境相结合，也能更好地培养学生的能力。最后，我们现在整体的法学教育注重对学生适用法律、研究法律、理解法律的培养，但在司法实践中，查明事实绝对是适用法律的前提，而且查明事实往往是诉讼中最大的争议点。但是对事实查明能力的培养目前在法学教育里面基本处于空缺状态，而且我个人也认为无论我们怎么去设计实践课程，实践法学对能力的培养都处于一种非常难实现的状态。如何去收集证据，如何去查明事实，在学校里面任何形式的模拟恐怕都很难发挥相关的作用，目前找不出一套很好的方案。

发言人：程雪阳

我觉得思博工作很辛苦。但是我觉得法学院是教育系统和法律系统沟通的一个渠道，却并不是唯一的渠道，还有行政学院、司法官培训学院、律师学院。法学院的教育时间很短，时间精力也很有限，不可能把所有的工作都完成。我觉得我们只能负责法律推理和论证能力方面的培养，别的方面，如案件查明、庭审技巧的程序，去法院或律所工作一段时间就知道了，我觉得不应该由我们来承担这一项功能。

第三单元

研讨会第三单元"教师教学能力提升路径"由甘肃政法学院（现更名为甘肃政法大学）教务处郑高健处长和中国社会科学院大学政法学院副院长王莉君主持。中国政法大学外国语学院院长张清作了以《助力法学教育，提升英语教学——法大大学英语课程设置与课堂教学》为题的报告，厦门大学法学院教授王建学以《关于法学翻转课堂教学改革的若干感想》为主题作了报告，中国政法大学比较法学研究院比较法所副所长朱明哲以《面对碎片化挑战的法学课程体系方法》为主题作了报告。在点评环节，西北政法大学民商法学院副院长百晓锋和中国政法大学国际法学院副院长刘力先后进行了点评。

发言人：张清

培养一个国际化、复合型、跨学科的全能人才，离不开我们外国语学院。所以今天我给大家汇报的就是中国政法大学本科大学英语教学的改革和教学模式。中国政法大学本科大学英语教学从 2012 年就开始进行教学改革，经历六轮到七轮的方向改革之后，目前已经很成熟。下一步还有新的改革，大学英语永远在改革的路上，今天给大家简单汇报，因为时间很短，我也会讲得很快，让大家有一个总体的了解就可以了。

大学英语教学改革主要的宗旨就是以内容为依托，凸显中国政法大学法学的学科特色。当然，也兼顾其他学科，所以，一年级的课程就是以学术英语为核心，主要是讲学术英语，就是为它的专业学习服务，是以分科英语为特色，通用英语和学术英语交流并重，英语专业与其他语言文化相结合的这样一个大学英语课程体系。这个课程体系分了三大模块，因为中国政法大学英语是12 个学分，在四个学期就是大一大二学习，所以将其分成了三个课组，一个是学术英语组，一个是通用文化课组，一个是分科英语组。学术英语主要兼顾培养学术能力，学术能力就是阅读文献以及语言表达的能力；通用课组是根据培养全才的考虑来设置课程；分科英语是跟专业相联系设计的，在大一的时候学生都要选学术英语，到大二的时候，第一个学期可以在四个课程当中，就是通用课组当中选择一门课来上，然后第四个学期在分科英语当中选一门课程来上。所以，课程的目标就是以学术英语课为核心课程，兼顾语言基础课程。如果学生基础比较差，就建议他学一些技能型的课程，同时，给学生一些通识教育，现在本科教育更强调通识教育，但同时要结合专业特色开设一些双语课程。按照教育部的教学指南，基本大学毕业之后应该满足这样的一般要求，但是，我们对中国政法大学的学生提出了更高的要求，也就是说培养听法学专业英语课程讲课和学术讲座的能力，探寻搜索和阅读法学专业英语文献的能力，撰写法学专业文献综述和学术论文能力，当然最好有用英文参加法学专业领域内国际学术研讨会进行论文宣讲和讨论的能力，这是一个目标。在课程管理方面，形成教学团队，基本上是由主管教学的副院长来牵头，然后以教研室主任为核心组建了九个教学团队，以课程建设来设置教学团队，为了促进教学团队，也感谢教务处对我们的大力支持——给我们一些经费支持，同时，我们也设立了教学教改的研究项目小组，主要重在这三个方面，课程与教材建设教学模式与方法建设，课程评估与考核，以及教学管理方面的研究。

刚才简单地给大家介绍了课程设置，对于课程这方面，我主要介绍的是学术英语课程。分科英语课程因不同的专业涉及的面比较广，面向所有专业的学生，主要的理念是基于 CBI 理论的，即 Content – Based Instruction，也就是以内容为依托的教学，换言之，是以内容为载体，以语言英语为载体，但是主要通过学习内容来提高学生的语言表达能力和应用能力。所以，我们的选材都是原汁原味的教材，为了适应这种教学模式，我们编写了这样两本教材，这套教材 2012 年是第一版，2016 年又再版，根据教学实践更改两三轮之后，又进行了改版。每册书有六个单元，每个单元选取的是跟法学或者社会热点相关的一些话题，比如说剽窃问题、动物权的问题、家暴问题、同性婚姻问题以及死刑问题、枪支管制问题，还有医患矛盾、名人代言等。内容不全是法学专业相关的，但是又跟法学生有一定相关，与法学专业的学生有一定相关，但同时非法学专业的学生也可以有所思考，因为是热点问题。在教学方法和教学手段方面，我们主要采用以内容为依托的语言教学方法，主要是发挥学生的主观能动性，让学生自己去参与。

刚才，前两个讨论阶段讲的都是实践教学，虽然说不归到实践教学里面，而是属于公共课，但是，实际上也重在培养学生的自主学习的能力，以及主动去搜索资料的能力。所以，基本上培养学生主要有两种方式，首先选材原汁原味，然后学生在上课前要进行资料的检索和收集，在课堂上要进行一个口头报告。也就是说，有两种模式来检测学生，一个是能力的表达，一个是口头报告，即以小组的形式把学生分成小组，小组选择的话题是跟课文学习相关的，然后让他们搜集材料，进行小组汇报，在小组汇报这个过程当中，他们要收集资料、整理资料，然后做幻灯片，在课堂上展示。这是课堂教学中很重要的一部分。同时，每学期也给学生布置一个小论文，第一个学期主要训练学生怎么能够把学术论文写出 summary 来，summary 就是摘要。第二学期训练论文论点的表达，小组报告采取的是合作学习方式，学习如何来配合每一个学生的角色，口头报告的时候可能不一定每个学生都发言，但事实上调动了每个学生的积极性。因为口头报告是课堂的一个实践，所以，中国政法大学举办口头报告大赛，教育处卢中文处长也参加过口头报告大赛，每年都举办一次，就是把年级当中选出优秀的进行展示，然后评审出一等奖、二等奖、三等奖，这样学生参与度非常高，而且非常有成就感；对于小论文的学习是引导学生逐渐学会写作论文，因为学生很习惯写所谓的八股文，就是英语考试的文字，但是，我们现在应当逐渐地把学生引导到如何去写一个有点学术性质的文章，对他将来参加国际学术会议，或者是将来学年论文乃至毕业论文的写作也有好处，当然学年论文、毕业论文是中文，但是，关键是在英文教学过程当中怎么培养学生这样的一个能力。所以，我们的考核办法，实际上形成性评价占很大的比例，占了 60%，而终结性评价才占 40%。2018 年 12 月 6 日上午，学校召开了本科教育教学工作大会，其中教育部高教司的徐司长还强调了过程性评价。事实上，从 2012 年就开始在大学英语这门课程当中加大形成性评价的比例，所以这么多年也一直在实践，不采取一考定终身，而是强调过程，如果学生没有参与过程，失分就会很多，这个是具体打分的情景，每一个部分所占比例都有很详细的计算。

新的教学模式跟过去的教学有什么区别？最大的区别就是过去学习的主要是一般话题，现在是热点话题。语言作为载体，更多的是培养训练。学生也感觉这样的学习虽然有挑战，但是有收获，老师也有挑战，因为大部分老师都是普通语言老师，涉及法学的知识方面，还是觉得有欠缺，这也是下一步进行改进的方向。同时我们一直在改革当中，下一步还要加大公共外语教学的改革力度，这也是教育部下一步的改革方向，我也希望各个学校能提供一些建议和指导。

发言人：王建学

我给大家汇报一下感想。因为我在上一个学年正好是去年这个时间，承担了学校的一个校级教育改革的项目。它是关于宪法学方面的，因为我自己是教宪法学的，项目是《宪法学发展的课堂教学改革》。这个项目是自己主动申请的，因为去年把职称的问题解决了，于是我自己有一个想法，想把更多的精力投入到教学方面。我自己从读硕士研究生的时候开始其实就在学校的二级学院兼职上宪法学课程，后来从我 2008 年博士毕业之后，在中国人民大学做博士后研究，正式以教师的身份，在课程中实践这个项目。所以我上了部门宪法学的课程之后，自己觉得一直采取这样传统的课堂讲授的方式"玩得太腻"，就想尝试一些新的东西。正好学校说要教学改革，所以我后来就申请了这样一个项目。关于这个项目其实我在后来执行的过程中有非常多感触，接下来我先简单介绍一下改革的大概工作安排，最后简单谈一点感想。

前面有些老师也提到发展课堂，大体上我的发展课堂改革是先把宪法学的这些知识做知识点的层级划分，大体上分成一级、二级和三级知识点。主要是围绕二级知识点，把所有涉及的主要知识分成大概是 16 周的课程安排。每一周课前录制一个小的视频，讲述一些基本知识，然后布置一些课前的作业，让学生去完成。另外主要布置课前的案例讨论的阅读材料，课上其实主要就是我来主持，让大家来围绕案例以及案例里面涉及的这些现有问题进行讨论辩论以及相互点评，之后，我再做一个总体的评价。基本上是围绕这样的思路来进行的。当然最后在实际的执行过程中其实只执行了 1/2，因为学校的教务处的要求就是这个课改完成了 1/2 就可以结项，所以后来我就只执行了 1/2，另外 1/2 实际上是按照传统的方式来教学。当然这个也有好处，就是两部分教学的效果可以做一个比较，大概采取什么样方式比较好。最后简单谈一点感想，我觉得可以从几个方面来谈对翻转课堂的感受。对于任课的教师而言，我觉得我自己切身的感受特别大，最大的一个感受就是这样的教学的方式挑战非常大。开始要去接受翻转课堂的培训，去学习怎么来用这样的智慧教室。教师其实还要花非常多的时间和精力去录制课前的视频，而且这个视频的制作其实没有想象简单，因为你一遍录下来，最后拿过来再重新放的时候发现有一些问题，又要重新去改，所以基本上相比于传统的教学，在制作每一次的视频时都需要多花 2—3 天的时间，占了教师非常多的精力，此外还有批改作业，然后去主持课堂讨论以及事后复习的任务。所以我自己最大的感觉就是那个学期其实我基本上把其他工作都推掉，都在做教育改革项目。而且这还不是说一次这样的准备就可以，此后每一年都是这样，因为每一年你如果同时都采取翻转课堂的教学，还需要后期进行周期性维护，比如说刚才郑老师提到 2018 年修宪，可能对他来说是一个教学的契机，但对我来说就是要投入更多的精力。所以这个任务量其实非常大，真的是很有挑战性的一个工作。

但是投入这么多精力，从学生的角度来讲，学生有没有觉得真正地提高了他学习的主动性，提高了学习的收获感？我觉得这个问题其实要从具体的情况来看。其实我也在学生的范围内做了一个回访调查，大体上的情况是有一小部分同学觉得这样的教学效果非常好。当然这些同学其实主要都是非常好学、非常刻苦的同学。我也一直在反思，假如说我没有用翻转课堂这样的形式，而是继续采取传统的授课的方式，多布置课外作业，我觉得可能也同样会达到这样的学习的效果；另外，绝大多数同学会觉得压力非常大，因为他们需要花很多的时间去做作业。所以就像刚才雪阳老师讲到的，现在学生都很忙，你让他去做这么多的作业，他觉得实在难以接受，甚至有的同学偷懒，他索性就不去做作业，或者他不去做这个课前的案例材料的阅读，课上他也没办法去参加讨论，他根本不知道你在讲什么，也有这样的情况。所以总体上我觉得从教育效果来讲，它对于提高学习可能确实是一个很新的方式，但是不会非常显著地提高学习的收获。

另外，我也遇到很多有意思的问题，关于翻转课堂，学校对这个项目资助了 2 万块钱，后来在报销过程中却频频受挫。本来我的计划是把这部分资金用来制作视频，另外录制和编辑这些视频也需要专业人员，正好我很幸运，我招了一个研究生，他本科是学新闻传播的，所以在这个方面非常擅长，由于一些偶然因素，他是半义务劳动性地帮我解决了这个问题。其实诸如此类的问题非常多，包括学校也是今年才开始开设一些社会课堂用以满足老师们的需要，所以翻转课堂教学改革这样的形式，我觉得可能未来还需要进一步去探索。

发言人：朱明哲

我今天想在这里从一个基层教师的角度分享一下我对本科教学的一些体会，当然这是一件非常奇怪的事情，因为我担任的是科研岗，理论上来说只上一门课就够了，但实际上我一个学期上四门课，所以每次科研处开会的时候，不知道为什么学校都安排我坐在李处长的正对面，李处长每次开会说你们发表论文不够，我就感觉如芒在背，因为我是科研岗位，按理说我确实应该做一个"码字员"，但是，为什么一个"码字员"都有那么多的教学工作量？刚才有同事提到，包括王建学老师也说，学生都很忙，那么是谁让学生和老师都变得如此之忙？大家都说，现在课很多，必须有老师上。我本来跟教务处说我星期五申报一门 40—50人的课，教务处说不行，要把它扩容扩到 250 人，我说这是 50 人的课对吧？有 100 人选，表明朱老师很受欢迎，教务处勉为其难扩到 100 人，因为如果是 250 人到时候选不够我多丢面子，很伤自尊。

教师为什么会有那么多课，我发现刚才程雪阳说你砍谁的课都不合适，为什么不合适？因为大家都觉得自己的课特别重要。比如说之前必修课名录里去掉了法制史这门课程，那时候我还是一个以法制史的研究人员自诩的角色，所以当时大家也抗议要把这门课重新加入，后来得知这是一个技术上的失误又给恢复了。大家觉得所有的法律都很重要，就是因为现在的法律确实是在增加，而且相比之下我还觉得有很多的课程课时还不够，比如说行政法加行政诉讼法一共才四个课时，在法国是两个学期，每个学期四五课时的课怎么办？这可能涉及一个问题，法科教学到底要培养学生什么？到底是法律的知识还是处理法律知识产生法律知识的能力？我当时在法国念书的时候，很不幸地去了一个叫萧斯珀的学校，翻译过来叫巴黎政治大学，它的课程设计也非常有意思。法国是一个典型的大陆法系国家，而且法国还弄了一个叫大陆法系基金会，它们认为最好能争取哪天把美国也变成一个大陆法国家。法国别的法学院的教学跟我们也差不多，一个法很重要那就把它开成一个必修课，如果变得越来越重要那就加课时。以前这样是可行的，因为横竖只有民法，1895 年开始宪法才成了必修课，那会就两门必修课，民法和宪法，每门课教两年没事；现在不一样，后来商法很重要，也是个必修课，然后刑法也很重要，也得是必修课，后来社会法也很重要，但是大家都很重要，然后社会法里面做劳工保护的和做社会福利的两拨人又无法达成共识，说那不行，劳工保护要专门弄一个劳动法，然后社会保障就也要专门弄一个社会保障法，结果最后必修课变得无比之多。

为什么会这样？很重要的一个原因可能是因为我们把法律想象成一个体系。什么叫体系？就是它是内部没有什么冲突的融贯的一个整体，所以一个好的法律人应该把法律体系当中所有的东西都学一遍，这样行不行？这个也不是不行，但是现在导致的结果就是，课变得无比之多，老师和学生都变得无比之忙，大家都没时间做作业，也没时间备课。我的母校巴黎政治大学实际上在做一些新的尝试，说既然课程都很重要，那能不能探索一种让大家去处理一些新的法律的方法，不要把重点放在知识的传授上，而是放在方法的培养上，于是，这样做的结果是课不多，差不多别的学校五年一个完整法律人的培养，在巴黎政治大学一般是用 2 年就完成了。为什么是 5 年？本科加硕士。现在还有人说既然课多，能不能在高中也开设法律课，这样就把课程延长到更久，有更多的时间上课，可以开设更多的必修课。还有一些意见是说，能不能把博士毕业作为一个从事法律职业的门槛，总而言之，别的学校进行了改革，就是把年限无限拉长，巴黎政治大学反其道而行之，把年限缩短到 2 年，但这 2 年课非常紧张，课不多，基本上必修课也只有 10 门，选修课你再选择 4 门、5 门就够了，但是，一定保证每门课都把学生虐得非常的惨，让你不敢去上课。我当时在巴黎政治大学也给学生上课，每年都会有学生跑到我办公室来哭，说课程太难了，搞不明白，那能怎么样？哭完回去还得接着看书，所以是这样一个情况，有些同事问，这个教学效果怎么样？给大家汇报一下，巴黎政治大学每年硕士毕业差不多 100 人，其中有 30 多个人会去参加法官学校的考试。司法官职业学校，就是检察官和法官都必须去那里锻炼。每年有 30 个人参加司法官职业学校的考试，最高一年的录取率，是 30 个人参加、26 个人考进司法官的学校，那至少说明在巴黎政治大学经历过 2 年学习的人和别的学校经历过 4 年、5 年学习的这些人，在进入法官学校时没有什么太大的区别，至少不落后于他们。还有一个指标是模拟法庭，大家知道杰赛普是国际法上面非常有名的模拟法庭。去年法国赛区杰赛普的预选赛最后的决赛的队伍是巴黎政治大学一队和巴黎政治大学二队，一队是研究生，二队是本科生，本科生是没有受过完整法律训练的，非常可笑的事情是，没有完全受过完整法律训练的一帮人组队，最后杀进了决赛，最后这个决赛的结果是什么？当然是研究生赢了，为什么研究生赢了，应该说这是要给研究生一个面子，毕竟他们还是受过法学教育的，当时的裁判跟我说觉得本科生以后还有机会，先让他们受点挫折教育也挺好的，等于是最后把一队给保送出去，最后总结是说面对法律越来越多的一个情况，除了把必修课变得越来越多以外，还有一条路就是争取在课上教会学生处理新的法律，产生新的法律知识的这种能力，谢谢大家。

点评人：刘力

首先，我认为关键的一个连接词就是国际化。就像张清院长所讲，外语对法学教育的助力是不言而喻的。在未来的法学教育中，应当借力外语为其他的法学方向、法学专业方向提供帮助。实践中，国际法学院和外语学院一直有很好的合作。建议继续保持这种合作模式。其次，任何学科在新时代下所面临的挑战和机遇都是多方面的。第三单元主题是"教师教学能力提升路径"，教师不仅是一个资格，更是一种经验性的职业，需要不断积累经验，不断提升自己。对于学生道理相同，都是不断潜移默化的积累。建议对于一些青年教师，可以多方面多元培养，对多样化的尝试给予鼓励以及充足的项目支持或教学资金支持。老教师目前还是离不开现场教学和学生的现场听课。但老师在解决完职称编制的问题后，也应当去进行科技或者互联网的学习。但对不同的老师要有区分，这样的经验尝试价值性更高。

点评人：百晓锋

我觉得本单元十分接地气，它提出了一个最关键的问题：教学方式、教学方法都要回归到学生的培养方案上。那么从学生培养方案的角度来讲，由课程课堂和实践环节两个部分构成。我非常赞同谢老师的观点，这两个部分都不可或缺，是不能相互替代的两部分。那么在这一前提下考虑教学方式和方法的问题就会发现，教学方式方法改革和我们的课程设置、学生时间的冲突是我们面临的最突出的问题。我们的课越来越多，我们的教学方法越来越新鲜，但与此同时我们学生的时间越来越少。尤其现在，强调回归课堂以后，我们会发现学生在课堂上花费的时间越来越多，课余的时间越来越少。在这种情况下，如果说我们要搞翻转课堂，那么这里边首先一个前提就是需要学生在课外投入大量的时间来学习。但是，首先他是否有时间学习？其次他会不会学习？学生看视频看材料，有可能是吃着东西、玩着手机看的，而且他看到的这些东西是碎片化的，是不连贯的。在这种情况下，你说教学效果究竟会怎么样？我觉得这是值得我们思考的。

我们的发言人王建学老师对自己的课堂进行改革的过程是非常值得我们思考的一个好的例子。从培养方案的修订和课程设置的角度来讲，我认为我们应该把这个工作往后推一推。像国外一样，我建议应该减少必修课。学生根据他的兴趣和爱好，把时间分配到不同的领域。我们法学教育的目的到底是什么？学生毕业后要生存，我们法学职业的特点是需要通过法律职业资格考试，或者说法学司法考试。但是司法考试的内容，学生们希望可以在大学阶段学到。我想这是我们学生越来越忙的一个重要原因。从教育的角度来讲，我们应该强调学生的个性和特色的发展。但实际上，一旦回归到谋生的话，就会发现这是一个重要的矛盾，那么将来在我们的法学教育中如何解决这个问题，我想才是最值得我们思考的。

第四单元

论坛第四单元"比较视野下的法学教育方法"的研讨由北京外国语大学人事处副处长姚金菊和中国社会科学院法学研究所副研究员、《环球法律评论》副主任姚佳共同主持。西北政法大学国际法学院副院长潘俊武作了主题为《利用跨国教育促进新时代本科教育》的报告，中国政法大学法学院行政法研究所所长罗智敏作了题目为《意大利法学教育的传统与创新》的报告。中国社会科学院大学政法学院副教授柳建龙作了以《印度法学教育的几点思考》为主题的报告。点评环节，中国人民大学法学院院长助理王旭和中国政法大学法律硕士学院的李琳老师进行了点评。

发言人：潘俊武

我的题目是《利用跨国教育促进新时代本科教育》，其实我加了一个副标题"以国际法方向教育为例"。因为我在国际法学院从事国际法教育教学，这样更贴合我的平时工作。也感谢主办方把我放在这个单元的第一位，因为我们知道一般都是第一位负责抛砖，后面是引玉，所以我就放开讲了。本单元总共有三位发言人，我看后面两位讲的是印度、意大利的教育，我在想，我在英国读书读了四年，那么在英国的法律教育有什么样的不同点，有什么传统？后来我想了一下，好像也挺简单的，就是高昂的学费。其实也许我们法学这一块，如果把学费提得跟英国一样高，估计学生自学的主动性一下就提高了，因为我在那读书的时候，老是担心被延误一年，因为再延误一年的话就无法负担那里的生活费用了。

首先，我讲一下关于新时代国际化本科人才教育的一种内在需求。这里我有一个非常深切的感触，我们知道前年菲律宾提起了南海仲裁，去年我们发表了对南海仲裁案挺厚的一个批判文章。我参加了批判文章的写作，当时在北京待了八个多月，前后花了一年多时间。这个案子给我们搞国际法的专家，特别是在我们说的人才培养这一块，提出了一个挑战。菲律宾那么小一个国家，它提出的法律文件，我们在很多方面要去借鉴，要去研究。我们国际法学院在培养学生的时候，希望学生将来出路很广，但我们更希望有一部分学生将来能代表国家独当一面。这个需要我们培养出来的是真正能够通晓国际法规则和具有极强外语交涉能力的外向型、国际型、复合型的法律人才。

菲律宾在仲裁案里想把我们在南海的法律权益全部给抹杀掉，最后仲裁的结果基本上满足了它的诉求。它是通过一个什么方法呢，其实说起来很简单，它就是通过对《联合国海洋法公约》第 121 条第 3 款里边一个叫"礁"的概念的解释，就是对"rocks"的解释。仲裁的时候就裁定了在南海只有礁，没有岛。没有陆地的话，各种海洋权利就没有了。就这么一个解释，整个把我们的历史性权利全部打掉了。现在仲裁结果已经出来了，虽然我们也发表了我们的批判文章，但是这个裁决它已经公之于众了。我们通过政治手段去化解它，但这个代价是非常大的。这个事情就给我们提出一个非常严峻的问题，我们培养的国际法人才，能不能从最开始的时候就进入法律斗争这样的一个状态，能够真正代表国家捍卫国家的利益，而不是说写几篇文章的问题。因为这是一个现实的问题，我们将来还要面临更多的海洋权益方面的挑战，比如说越南还有其他国家可能都排着队用强制仲裁的方式。跨国教育我觉得最重要的就是，我们学生在学习过程中不仅仅是对知识的学习，而且要通过互相的交流去发现问题、分析问题、解决问题，从而培养他们的实践能力。因为在跨国教育过程中会有不同的文化、不同的法律背景，经过这样的一种融合，会给学生提供一个更好的机会，使他们能够有一个积极学习的状态，思想也会更加的活跃。

关于在跨国教育中面临的问题，第一个就是如何使各国的学生能够形成非常亲密的伙伴关系。我们知道要进行交流，进行互动，必须要有一定的亲密关系。我们在跨国教育过程中，需要考虑如何使学生或者学习小组之间不同国家的学生形成这样一种亲密的伙伴关系，使他们交流、互相了解对方的想法，来促进学习效果。第二个就是如何提高在跨国合作中法学教育的质量。这个质量其实是学习方法的问题，而不是知识的问题。刚才法大的朱老师提到法国大学的做法，其实就是教方法的，那我们在跨国合作教育过程中如何让学生来学习学习的方法？英国的教育其实在教育过程中很零散，如果你没有自己的准备，你会不知所云，老师会把一个很窄的东西挖得很深，其实也是在给你展示一种方法。第三个就是如何降低教育成本，利用互联网就是降低成本的很好的方法。所以我总结为以下三点：一是要从原来松散的合作关系发展成紧密合作关系；二是从原来低质量的合作关系发展成高质量的合作关系；三是从原来高昂的有限资源发展成低成本的普遍资源。

发言人：罗志敏

我谈一下意大利法学教育的创新问题。我本人在意大利上了博士的课程，本科的课程在意大利的时候确实也参加过一些。意大利在本科以及硕士整个教学体制方面都有了很多的发展。我们知道罗马是意大利的首都，它的发展历史已经有 2000 多年，而且在罗马帝国时期就有了大学，所以它的法学教育可以说是源远流长。我们大家看到的这个照片，是意大利博洛尼亚大学。它是 1088 年建立的，是欧洲第一所大学，有人说它是大学之母。在讲意大利的法学教育培养模式前，我们首先要了解一下它的背景。在整个欧洲，在 1999 年，欧洲有 29 个国家在意大利博洛尼亚提出了一个《博洛尼亚宣言》，我们也把它叫作《博洛尼亚进程》。它提出了欧洲高等教育的改革计划，整个教育计划的目标实际上就是教育体制的一体化，对高等教育资源进行整合，建立一个欧洲统一的教育体制。他们想在整个公立大学之间建立较为统一的学位体系，学分之间可以进行转换。教学活动不仅仅包括课堂教学，还包括课外的一些作业、考试、项目、实习。学分基本上是按照课时来的。转换之后的学分有 25 个小时，其中有 5 小时的上课时间，12 小时的课外作业和社会实践，7 小时的教师辅导，1 小时的考试，等等。总之他们想突出培养专业性的人才，建立相对统一的教育体系，使各个大学教师和学生之间可以消除壁垒，可以进行相互的交流，而且相互之间承认各自的学分和学历。所以他们的教育体制是从本科到硕士，因为我不知道其他的国家，意大利以前是本科直接可以读博士，后来他们也发展到现在的本硕博三分的体制。从意大利自身来看，在经过《博洛尼亚宣言》或称《博洛尼亚进程》后，在整个欧洲教育一体化的进程下，他们现在的一种改革就是突出培养这种国际化的专业人才，提供一个具有国际视野、能够提供完整的文化及实践专业培训。比如每一个学校法学院在自己的招生简章中，都会提到自己的教育目标，就是我们现在说的人才培养目标，包括培养复合性的人才等。比如说波罗尼亚大学法学院，就提出培养具有国际化的视野、提供完整的文化及实践专业培训这样的人才。我又搜索米兰的一所非常重要的教会大学，它的培养目标提到致力于培养能够使用多种语言、具有坚实的法律功底、解决实际问题能力的、具有人道主义精神的专业性法学人才，让他们具有批判精神，有对话能力，尤其要具有正义感。所以不论是从法学理论素养还是从人文精神上来看，他们都有一些比较重要的规划或者是目标。

第二个方面，教育阶段满足不同的需求，学生可以提前进行职业规划。我觉得这一点非常重要。他们本科分为三年制的本科和五年制的本科，实际上就是我们的本硕连读，而三年制的本科之后，又可以读一个高等本科，实际上叫作硕士。那么硕士也是学英美，它有一级硕士、二级硕士，硕士之后它还有一些专业化的课程，硕士有可能是一年，也可能是两年，博士一般是三到四年。它的课程设置也具有非常显著的多样性，除了传统课程、基础课的课程，就是我们说的必修课，还设置了多种多样的选修课，满足不同职业的需求。会根据学生将来从事的职业，设置很多不同的课程。实践课程也是比较丰富多彩的，包括法律诊所、模拟法庭，也是在学习英美法的这些教学方法，而且特别突出外语教学的重要性。

第三方面，我给大家介绍一下，以博洛尼亚大学为例，三年制本科分为两个方向，一般的情况，在一般的三年制本科，如果你将来可能是要做顾问、人力资源管理、劳动市场培训方面的经营者——学校给你列了一些你将来可能要从事的职业。你从事什么样的职业，学校给你设置什么样的课程。那么学校还有一个特别的方向，就是企业和公共行政方面的法治人才培养方向，比如企业等，它设置了很多方向，又设置不同的课程。五年制也分为两种，比如说根据学生将来的工作，要去公共机构、国际组织、企业、团体、银行，学校给设计一套课程；比如说学生将来可能要做律师，要做公证员，要做司法官，学校又给你设置一套课程。我们看五年制的课程，它后面代表了不同的学分，我们看实际上这个行政法占 18 分，是最高的一个学分。基础课程可能有20 多个，但是选修课程有 80 多个。学生可以按照自己的一些兴趣去选修多门课程。

第四个特征就是国际交流的机会特别多，因为学校要培养国际化的人才，所以他们几乎每个学生都可以申请到去国外学习的奖学金，包括国际交流，去美国、去英国、去欧洲各个国家，资助学生在国外写论文，外国老师上课，英文课程授课，冬令营、夏令营课程也有很多。教学方法以考试为主，教学方法实际上还是以学徒式的面授为主，而且老师也非常勤奋，我们今天上午有老师说很多老师不太注重本科教学，那么在意大利，所有的特别有名的教授都特别注重本科教学，甚至有一些教授退休了之后，还不离开岗位，免费去上课，以至于很多青年老师怨声载道，不给他们提供机会。考试是以口试为主，老师带着几个自己的助教，然后所有的考生几百人分成几组，可能这考试要持续几天，他主要是看学生有没有对这个课程进行全面性的把握。所以它最重要的一个特点，我觉得就是有自己提前的这种人生的规划，也就是说大学的教育实践跟中学和小学是一体的。意大利学生可能在小学、中学就知道自己将来要干什么，所以他上大学之后，就会根据自己将来的职业的选择来选择适当的课程。而我们可能很多学生上大学不知道自己选什么，导致课堂上出现不主动、不活跃的现象。

发言人：柳建龙

我其实应该是来提供反面教材的。我教宪法，但是宪法课总体来讲效果并不是很好，在学校法学院课堂里面，排名是比较靠后的。今天这里面有个问题，就是我来讲印度的法学教育其实并不合适。因为我在印度只待过四个月，严格来讲我也只上过两门课，其中一门就是宪法，然后刑法基本上是没有听。我当时是以写博士论文的目的去的，所以说宪法也基本上没有听得很完整。那么在这种情况下来讲印度教育，也只是从感想上来讲，带着中国学习、教学模式，到印度去考察。

第一，印度的整个法学教育受到英国的影响比较大，所以说它整体来讲是以实践作为导向的。那么以我个人的感觉来讲，以宪法课为例，宪法基本是按照法条来排列，现场教学基本和德国一样是逐条释义的。逐条释义有一个很大的特点，就是除了法律解释之外，有大量案例，老师们在讲解的时候是以案例来带动我们对法条的理解的。这种情况下，跟中国的法学教育或者我们现在宪法学教材比较，我经常批判我们的宪法学教材有观点没有论证，但印度是通过案例把所有的宪法解释方法都应用一遍，潜移默化地告诉学生应该如何对一个案件辩护或者如何去裁判，这是第一个特点。我在实践教学上也曾试图去模仿，但是在中国可能会面临一个问题，比如说我布置那么多案例，但学生不会去看。课堂上讨论时被布置到的学生可能会去看一下，其他的学生可能会不看。同样在被布置的小组里面也会存在一些搭便车的行为。我们将来的教学要如何解决这样的问题。

第二，我去的学校比较新，才建校五年，但是它有一个很有意思的特点，它的课程设置，除了那些核心课程之外，其他的课程设计比较没有规划性，比较随意，有些情况下，比如说德国学者来或者美国学者来，它就会开设一些新的选修课。对中国来讲，选修课的规划能不能也借鉴这样因人设课或者因人设岗的方式，我想这可以进行研究。

第三，印度的教育里面还有一门很有意思的课程，就是学术讨论。印度的法学教育有两种，一种是五年制，就是学生高中考完之后就进入大学里面学习五年的法学课程，这些人将来就直接成为律师。还有一种是本科，然后再学三年的法学也可以成为律师。那么我接触的五年制本科中大三的学生比较多，他们基本上在课程的学习之外，会大量地讨论美国的法律评论，也会看文章，课后会有大量的讨论。关于这一点我想回到中国，即便我们博士生可能都做不到，我认为这是未来我们可以借鉴的地方。

第四，前面有很多老师讲到的就是有大量的模拟法庭的课程。中国的学生给我的感觉就是诡辩性会比较强，更多的是辩论技巧的提升，很少涉及具体的法律解释或者法律应用。我们的模拟法庭受众相对来讲比较有限，但是印度的学生有各种各样的模拟法庭，比如说像国际人权的，还有本国的一些案例的这种模拟法庭的演习，有助于他们得到比较有效的训练。

点评人：王旭

我的法学教育都是在中国政法大学完成的，域外的经验，对我来说更多是个人的受益。在全球法务市场已经开放的时代，在我们强调人类命运共同体和全球治理写进中国宪法的背景下，尤其是在一个风险社会中，法律问题需要跨国合作来完成、来面对。我想教育的确是要有一个更高的人才培养的同质性。应该说 500 年来民族国家的功能在弱化，而法学共同体在全球范围内的互相理解、高度同质会越来越重要。以我们法学院为例，可能这几年我们有一个点就是食品安全的法律教育和研究，就在尝试潘老师的这样一种构想。比如说我们也与荷兰的瓦赫宁根大学（他们有欧洲最好的食品科学和食品法学的专业）在一起探索培养学生。我们通过远程的网络，两边的老师同时授课，以及安排定期的师生互访。食品安全是一个可以整合全球资源的重要领域。潘老师的这种体系化的思考给我们的启发非常大。那么罗老师的和何老师的这两个报告我觉得是相映成趣的，因为我们都知道意大利的教育，尤其经过了注释法学派、罗马法复兴运动以后，可以说是我们大陆法系的正统。而印度作为世界上最大的发展中国家之一，与我们也是在进行一种后发优势的比较，所以从全球的法律人才培养的同质化角度而言，这两种体制给我们的启发都特别大。

那么在刚才罗老师介绍的意大利的经验里，我有一个特别认同的或者有启发的点，就是强调的对于正义感的培养。中国的法学没有自己的传统，我们更多是在移植、在追赶，而意大利的法学教育它实际上首先是"为往圣继绝学"，我觉得从这个意义上来讲，他们把罗马人强调的对于正义的判断力和分析带到今天的这样一种现代社会，这是难能可贵的。我记得我们的老校长徐显明教授讲过，"法律伦理培养的欠缺，可能是法律职业市场失败的一个构成性的条件"。当然这个需要我们去反思，伦理是不是可以被教授的？它是不是应该在一个实践的场域慢慢去获得，能不能在课堂上教授？但的确是欠缺了这样一环，我们完全按照一种市场的或者按照一种现实的利益驱动机制去培养学生，告诉他们的就是我们要满足各种职业的需求。那么的确会在他们很年少的时候缺乏对正义感的追求，我觉得这的确是一种隐患。关于这一点，我对校长当年的判断也一直是记忆犹新。

建龙老师对于印度的观察也让我受到很多的启发，比如说我们怎么能够从法条解析走向一种实践能力，这个对于今天宪法学的教育是特别重要的。我觉得这可能是印度法律教学带给我们最大的启发。

点评人：李琳

我简要介绍一下我在法国的学习，还有在法律硕士教学之中的一些浅见。

第一点我简要介绍一下法国实践课的组织形式。其实法国最主要的实践课叫实践指导研习或者辅导课，它并没有严格的定义。主要就是为了加深、补充、巩固和检验在理论课上讲述的知识，然后培养学生运用法学方法发现、分析和解决问题能力的一种实践的课程。与其对应的是讲授课，这两者一般是同步进行。实践课其实也是一种必修课。讲授课是在阶梯教室进行，一般就是由老师主讲，比较传统的方式，一般达到两三百人都有可能。然后实践课主要是在小班进行，各种方式的实践教学。这两个在一起就组成了法国法学院培养的完整环节。

第二点介绍一下实践课的种类和形式。它形式很多，首先是案例分析，最主要的一种方式之一，一般使用的是比较真实的判例，然后以请求权的基础进行思考的方法。另外一种是文献综述，通过分析很多种文献，整理出一篇逻辑比较清晰的文献综述。还有一种形式是判例评论，对法院已经做出的判例，撰写评论，这一般是他们法国学者比较典型的研究方法，需要对法院的判决做出自己的评论。另外，考试的话，其实法国大部分的学生考试都是主观题，考试时间也很长，可能要手写 3—5 个小时左右，都主要是考查学生这种实践性的能力。进行的方式我也简要讲一下。一般把一大波学生分成很多组，每组一般二三十个人，有助教，助教可能是博士生，也有可能是外面的实务人员，还有可能是新进的讲师。一般每学期会根据讲授课的内容，安排若干场的实践课。实践课一般跟讲授课是同步的，一般是一周一场，之前的讲述课讲了什么内容，实践课就会对这个内容进行一种深化。其他形式也差不多，就是提前发准备好的实践材料，然后让学生回去做，下一周进行讨论和讲解。甚至分角色扮演的辩论，小的模拟法庭之类都有。但最关键一点是所有人都必须参加，不能够请假。我大胆做一点我自己的总结，与中国实践教学的相似和区别在哪里。

第一，相似之处就是中国实践课也是以案例为主，我们课堂人数也很多，也是以大课为主的方式。但区别就是实践课的重要程度有所差别。在法国它是一门必修课，必须参加，实践课的分数占最后总分数的 30%，甚至 50% 以上，直接决定了能否晋级，是否留级，对学生压力很大。第二，是组织方式的区别，法国的实践课与课程同步进行。第三，形式不同。第四，目标的多样化。法国的实践教学会通过不同的视角进行，不仅是法官，可能还以案中人的各种视角来进行角色扮演。最后做个总结，我认为法国人重视实践教学正体现的是一种知识体系化教学和日常实践能力碎片化教学之间紧张的关系。我们中国很多大学也在追求教学的体系性，但是实践指导课是对现实中的法律的适用还有分析解决问题的方法所进行的一种实践的培养，中国也出现了这种紧张的关系。我在上学期法硕的民法课堂上也实验了这种模式，学生的反馈很好。他们提出平时输入的太多，输出的太少，然后我也会实施一些分数上的激励措施，学生做得还挺认真的。当然我们法硕学院在体系性的教学之后，再进行一些针对社会实践、跟实践接轨的一种选修课的这种设置，让学生根据自己的爱好去选择。

我最后总结就是：到底是该偏重体系性的教学模式，还是实践课的这种教学模式，可能还是与整个社会法学的发展程度有关，也与我们的培养对象和目标有关。

闭幕式

闭幕式由中国政法大学法学教育研究与评估中心田士永主任主持，中国政法大学教务处卢春龙处长作闭幕致辞。

致辞人：卢春龙

中国政法大学教师发展中心、教育部全国法学师资培训基地、法学教育评估中心共同召开这个会议，我觉得非常及时，我们昨天开了教职工委员会，今天我们接着讨论法学人才培养的事情。早上这么多场发言也给了我很大的启示。我是教务处处长，所以我们今天各位谈的这些话题，基本上也是我们平时反复说的事情。我们说人才培养，从我看来就是说有这么几个层次，是由大到小、越来越细的。首先我们讲培养模式，人才培养的目标、学制，当然我们现在中国是四年。然后在四年学制下，我们再谈培养方案、学分、课程的安排等。然后再到培养方案之下，我们说课程体系、专业教学、实践教学，选修课安排。然后再往下就是比较具体的课堂教学的方法、师资队伍、教师的教学能力、教材体系、课程的考核，最后还有一点就是每个学校教务处主要负责的教学管理。那么虽然我们今天早上基本上把这些核心的问题都讲到了，最后一组还重点讨论了各国人才培养模式的比较。我们尹飞教授在前面的发言中已经提到了大陆法系跟欧美法系教育模式、人才培养模式的不同。在这里要注意到，我们的人才培养目标到今天已经发生了很大的变化。一个特别重要的变化就是说我们现在日益强调涉外型法律人才的培养，所以我们张清老师在发言的时候，特别提到了涉外型法治人才的培养，对国家的法治发展，特别是维护国家利益做出贡献。那么我们还有好几位老师，例如：程雪阳老师讨论的培养方案的问题，新通过的国家法学对人才培养的国家标准的问题；我们朱明哲老师提到了课程体系的问题；许身健老师、周江洪老师、郑磊老师、王建学老师都提到了教学方法的问题；尹飞老师提到了实践教学和不同培养模式的问题，这些对我们来说都是很有启发性的，引发了我很多思考。

首先，我想今天的法学教育应该有一个大的背景，就是我们的高等教育的大众化，使得我们法学的入学门槛大大降低了。我们 20 世纪 80 年代的法制教育是一种精英化的教育，现在是一种大众化的教育。我们现在的法学院校有 623 所，在校的法学本科学生有将近 30 万人，就导致了一个非常严重的问题。我们以前说教研是互动的，教学跟研究之间不应该有矛盾，本质上应该是统一的，但实际上现在是对立的。我们现在这种大众化、普及化的问题，我们的师生比，我不知道全国，但在我们中国政法大学是不达标的。其实据我所知，地方院校师生比不达标的情况更为严重。它会导致老师的教学和研究确实存在矛盾。这是我们讲的第一个大的背景。

第二个背景就是，我们现在进入了新时代，新时代有很多评价标准，但是对我们教育教学来讲，各种网络化客户移动端会分散学生的学习兴趣和学习注意力，这是一个不可否认的事实，你必须要面对这个问题。那么与这个问题相关的，就是我们传统教学的内容相对来说比较抽象无趣。我们传统的这种知识传授型的方式在互联网手机客户端一统天下的时代，不能够引起学生更多的兴趣。

第三个背景很多人都提到了，我们学生其实在大学阶段，一方面学业很紧张，没有更多的时间进行自主学习，没有时间进行思考。但另一方面，我们学生对人生比较迷惘，缺乏指引，所以我们需要重新审视大学的这种理念。很多学生对将来要干什么不是很清楚。与此同时，学生们也抱怨自己没有太多选择，老师上完课就走了，缺少互动沟通。我特别同意朱明哲老师说的，就是我们的大学到底要教给学生什么？我想最重要的就是我们要培育学生自主、终身学习的能力，而且还有学习分析的能力。当然这个东西说起来容易，做起来都是很难的。

第四个背景是我们现在要反思和检讨现有法学教育存在的问题。我们现在各个大学的教务处都同样面临着两种困惑。首先我们的课堂依然是以系统的知识传授为中心的教学观。你跟任何法学老师讲起来都是一定要系统地传授知识，一定要让学生学得很完整。这就导致了刚才所说的，课越来越多，知识越来越细，这是传统的教学观。其次，几乎所有大学的教务处基本上也都是以传统管理手段为中心的，教务分得很细，为传统的教学模式保驾护航。那么怎样进行改革，要想动起来很困难。改变每个人的生活习惯和教学习惯，这是一个非常麻烦的事情。

最后一点，我们要思考中国法学教育培养模式的问题。我们中国的法学教育模式肯定不同于英美，也不同于欧洲大陆。中国法学教育模式，有没有可能做到与众不同。我们四年的学制不适合中国法学人才的培养，为什么不能是五年或者六年。应该花时间去认真探讨有没有可能探索出一种适合我们的模式，最后形成一种中国模式。今天我们的标题叫"新时代、新教法、新法学"，如果在新时代背景下讨论新法学，法学院四年学制的人才培养模式到底需不需要进一步修订和完善；如果需要修正和完善，具体应当怎么去做，这些都是我们需要思考的问题。

法学教育

Legal Education

面向"一带一路"需求的涉外法治人才培养
——现状与展望　韩永红　覃伟英
人工智能时代的法律职业变革与法学教育走向　尹超

面向"一带一路"需求的涉外法治人才培养

——现状与展望 *

摘 要： 在界定"涉外法治人才"概念的基础上，本文梳理了政法类院校、综合性院校和外语外贸类院校的涉外法治人才培养实践，进而认为不同类型的高校在涉外法治人才培养中应结合自身的办学基础和比较资源优势，宜分别采用综合培养模式、特色实验班（试验班）培养模式和专业复合培养模式。在此基础上，不同类型高校应通过优化课程体系，尤其是打造以高校为核心、法律实务部门及法律服务机构共同参与的"法治人才培养共同体"来发挥协同育人的优势，以培育出能够满足"一带一路"建设全方位、多元化需求的涉外法治人才。

关键词： "一带一路" 涉外法治人才 培养模式

---

* 本文为2017年度广东省高等教育教学改革项目："面向'一带一路'的涉外法治人才培养模式探索"（103 – XCQ18026）。
** 韩永红，广东外语外贸大学法学院教授、法学博士，硕导，研究方向：国际经济法；覃伟英，桂林理工大学博文管理学院教师，硕士，研究方向：法律翻译。

随着"一带一路"倡议的持续推进和对外经贸活动的日益频繁，国际民商事争端也随之增多。2013 年 5 月—2017 年 5 月，我国各级人民法院共审执结涉外民商事案件二十余万件，较过去 5 年增长一倍以上。[1] 为妥善化解"一带一路"建设过程中产生的国际民商事争端，2018 年 1 月 23 日，习近平主持召开中央全面深化改革领导小组会议，审议通过了《关于建立"一带一路"国际商事争端解决机制和机构的意见》（以下简称《意见》）。[2]《意见》指出，由于"一带一路"建设参与主体的多样性、纠纷类型的复杂性，以及各国立法、司法、法治文化的差异性，我国需要积极培育并完善诉讼、仲裁、调解有效衔接的争端解决服务保障机制，以切实满足中外当事人多元化纠纷解决需求，持续优化"一带一路"法治化营商环境。要完成这一历史使命，我国的法学教育就需要培养、建立一支"通晓国际规则、具有世界眼光和国际视野的高素质涉外法律服务队伍"，以为"一带一路"倡议的持续有序推进注入人才动力。可见，加强涉外法治人才培养已成为一种国家的战略需求。

国家的战略需求为高校国际化、复合型法治人才的培养提供了舞台，然而当前涉外法治人才的匮缺却是"一带一路"建设中的短板。面对"一带一路"建设中的法律人才需求，我国的一些高校已开始呼吁重视和加强涉外法治人才的培养，积极探索涉外法治人才的培养模式和培养路径。[3] 其中政法类院校、综合性院

---

〔1〕 参见新华网：《最高人民法院负责人就〈关于建立"一带一路"国际商事争端解决机制和机构的意见〉答记者问》，载 http：//www. court. gov. cn/zixun-xiangqing-104392. html，最后访问日期：2018 年 7 月 15 日。

〔2〕 参见政府网：《中共中央办公厅、国务院办公厅印发〈关于建立"一带一路"国际商事争端解决机制和机构的意见〉》，载 http：//www. gov. cn/zhengce/2018-06/27/content_5301657. htm，最后访问日期：2018 年 7 月 20 日。

〔3〕 在 2016 年 7 月召开的全国政法大学"立格联盟"第七届高峰论坛明确提出要为"一带一路"官方和民间交流中的法律咨询、纠纷、仲裁、涉外诉讼等法律问题的解决提供复合型、国际化法治人才。2017 年 6 月西北政法大学与《中国社会科学》杂志社共同主办的"面向'一带一路'的法治创新、法学教育与学术传播论坛"上，学者也呼吁要重视国际法治人才的培养，并且建议国家推进对现行法律职业资格考试制度进行改革，对涉外法律人才培养单独实行资格考试。

校和外语外贸类院校是探索涉外法治人才培养中的主力军和中坚力量。本文选取了上述三类院校中具有代表性的十所院校，梳理其在涉外法治人才培养方面的探索和实践，归纳、总结其在涉外法治人才培养方面的特点和经验。在此基础上，探讨面向"一带一路"需要的涉外法治人才培养的具体方向和着力点。

一、什么是涉外法治人才
（一）涉外法治人才的界定

在探讨涉外法治人才培养问题伊始，应当首先明确其内涵和外延。在实践中，存在多个与"涉外法治人才"类似的表述，包括但不限于"涉外法律人才""卓越涉外法律人才""国际型法律人才""国际化法律人才"等。其中"涉外法律人才"和"卓越涉外法律人才"等的提出与教育部、中央政法委在 2011 年发布的《关于实施卓越法律人才教育培养计划的若干意见》密切相关。"涉外法治人才"的概念则是在"一带一路"倡议提出之后，中共中央在 2014 年 10 月审议通过的《中共中央关于全面推进依法治国若干重大问题的决定》（以下简称《决定》）中提出的。《决定》要求"建设通晓国际法律规则、善于处理涉外法律事务的涉外法治人才队伍"。至于"国际型法律人才""国际化法律人才"的表述则多为高校教育者和学者使用。有学者曾从语义严谨性的角度对上述几种表述做出过分析，认为"国际型法律人才"的表述最为恰当。[1]

从内涵的角度分析，以上诸种表述均包含"涉外"和超越一般性法律人才要求的基本素质要素；从外延的角度而言，"涉外法律人才"的范畴往往更侧重于对法律实务人才的概括，而"涉外法治人才"在能够胜任法律实务工作的同时，也肩负着"治"的责任。[2]

---

〔1〕　参见江国青：《全球化背景下国际型法律人才的培养——以外交学院法学专业的教学为例》，载《外交评论》2010 年第 1 期。

〔2〕　参见陈咏梅：《论法学本科教育在涉外法治人才培养中的功能》，载《河北广播电视大学学报》2017 年第 5 期。

在推进"一带一路"建设的时代背景下，"涉外法治人才"不仅需要善于处理涉外法律事务，还需要具有国家立场，积极参与各种国际规则的制定，以增强我国在国际法律事务中的制度话语权，维护国家利益。因此，在本文中我们选择使用"涉外法治人才"的表述。在内涵上，我们将"涉外法治人才"定义为具有国际视野、通晓国际规则、能够处理国际法律事务和参与国家规则制定的专门性人才。在外延上，涉外法治人才涵盖所有从事具有跨国因素法律工作的人才，既包括在法律服务机构、企业、司法机关、政府部门和国际组织中从事涉外或国际法律事务的工作者，也包括在高等院校、研究机构和智库组织中从事国际法、比较法和外国法教学、科研与决策咨询工作的人才。

（二）涉外法治人才的基本素质要求

对于涉外法治人才应具备的素质或要求，我国高校教育者和学者们已多有探讨。如有学者提出涉外法治人才是具有"家国情怀、国际视野"的高级法律职业人才，[1]"一带一路"法律人才必须具备宽广的国际视野、浓郁的本土情怀和娴熟的技术能力。[2] 涉外法律人才必须是横跨法学专业、非法科专业和法律外语专业（主要指法律英语）三大领域，具备三大专业核心能力的复合型人才。[3] 这些表述高屋建瓴，但似乎还不够具体、明确。

从词语的本义而言，"涉外法治人才"包含"涉外""法治"两大基本要素。首先，"涉外"的基本要求是应具备国际视野和跨文化沟通能力（包括但不限于专业外语能力）。一方面，作为国际社会通用的语言，英语普遍受到关注。但"一带一路"倡议的沿线国家众多，既有大量的东盟国家，也有中亚、西亚乃至非洲国家，涉及近百种语言，仅仅培养"法学＋英语"的复合型涉

---

〔1〕 参见黄进：《实施"一带一路"战略 培养一流法治人才》，载《中国大学教学》2016 年第 8 期。

〔2〕 参见罗培新：《"一带一路"法律人才长啥样》，载《解放日报》2017 年 7 月 4 日。

〔3〕 参见张法连：《新时代背景下涉外法律人才培养机制新探》，载《中国法学教育研究》2018 年第 1 辑。

外法律人才恐怕仍无法满足与"一带一路"沿线国家开展深入交流合作的需求。因此，有必要同时培养"法学 + 小语种"的复合型涉外法治人才，以满足推进"一带一路"建设多元化的语言需求。另一方面，语言能力是跨文化沟通能力的基础但远非全部。涉外法治人才还应当对"一带一路"沿线国家法律制度所根植的政治、经济、历史、文化等社会基础有较为全面和深入的理解；对涉外法律事务中交际对象所在国家或民族的文化持有开放、包容的心态，对于彼此间的文化差异能够进行换位思考。其次，"法治"的基本要求是涉外法治人才需熟稔国内、国际法律规则，具有比较宽广的比较法视野。由于"一带一路"沿线国家的法律涉及大陆法系、英美法系、伊斯兰法系等多个法系，要成为能够满足"一带一路"需求的"涉外法治人才"，必须熟练掌握国内法律规则、国际法律规则，深入了解"一带一路"沿线国家的法律制度和法律文化，如此才能在与沿线国家进行往来时，对相关决策做出前瞻性的考量和预案，在出现争议时，高效地解决纠纷。最后，作为专门处理涉外法律事务的人才，除了需具备一般法律人才都应具备的法律职业伦理外，还应有为国谋富强的责任意识和爱国情怀。培养能够参与国际法律事务的国际型法律人才，归根结底是为了维护我国的涉外利益。[1] 具体到某一涉外法律事务，其处理过程中往往会涉及多种利益。在委托人利益、社会公共利益、国家利益和个人利益发生冲突之时，涉外法治人才的职业伦理水准将直接决定其行动选择。

二、十所院校涉外法治人才培养模式概览和评析
（一）十所院校的涉外法治人才培养模式概览

为了加快涉外法治人才的培养，近年来作为涉外法治人才主要"生产"和"输出"单位的国内相关高校先后探索、开展了多种形式的涉外法治人才培养实践。以下我们选取了政法类院校、

---

〔1〕 参见张晓君、吴曼嘉：《论国际型法律人才培养》，载《法学教育研究》2013年第 1 期。

综合性院校和外语外贸类院校三类培养单位共十所具有代表性的院校，概括、展示其在涉外法治人才培养方面的实践。

表 1　十所院校的涉外法治人才培养目标和培养模式概览[1]

院校类型	学校名称	培养目标	培养模式
政法类院校	中国政法大学	培养厚基础、宽口径、高素质、强能力的国际化法律英才，具有扎实的法律理论基础、突出的外语能力，既通晓我国法律（尤其是涉外法律），又通晓国际法律规则，并具备良好的国际交往能力与过硬的文化与心理素质，成为能够适应全球化的具备国际视野与国际竞争力的新世纪法律人才	开设法学涉外法律人才培养模式实验班和法学专业西班牙语特色人才培养实验班；开展法学＋英语双学位培养模式、"3＋1"式（国内三年＋国外一年）的中外联合培养模式
	西南政法大学	培养一批具有国际视野、通晓国际规则并能够参与国际法律事务和维护国家利益的涉外法律人才	开设"涉外法律人才实验班"；建有中国—东盟高端法律人才培养基地，开展对中国与东盟法律、中国—东盟自由贸易区规则的系统性培训，并为中国与东盟各国相关法律研究提供高端学术交流平台；开设涉外专业特色课程
	西北政法大学	培养高素质国际法专业和比较法专业人才，适应国家"一带一路"建设和对外开放的需要，使学生成为既有法学理论功底又有实务处理能力、既有国际化视野又有开创性精神，能为国家机关、企事业单位等提供法律服务的应用型、复合型、涉外型法律人才	开设法学专业（国际法方向），部分课程以双语授课

[1]　该表格由作者基于各学校官方网站相关信息整理而成。

续表

院校类型	学校名称	培养目标	培养模式
政法类院校	华东政法大学	培养一批具有国际视野、通晓国际规则，能够参与国际法律事务和维护国家利益的杰出涉外法律人才	开设沪港交流涉外卓越法律人才实验班、涉外卓越国际金融法律人才实验班、涉外卓越商事法律人才实验班，同时开展"3＋1"式（国内三年＋国外一年）的中外合作办学模式
	中南财经政法大学	培养德、智、体、美全面发展，适应社会主义市场经济建设、社会主义法制国家建设的需要，基础扎实、知识面宽、业务能力强、综合素质高、富有创新意识和开拓精神，具备经济学、管理学等方面的知识和具有良好的政治素质、职业道德，能在国家立法机关、司法机关、行政机关以及教学科研机构和各类企事业从事相应工作，尤其是能够从事涉外法律事务的法学专门人才	开设法学专业（涉外经贸法方向）；开设法学（中美班），以"4＋1"（国内四年＋国外一年）的模式开展中外合作办学
综合性院校	北京大学	培养"厚基础、宽口径"的新型法律人才，对学生的学术能力、职业能力、组织协同能力和人格素养四个方面的培养并重，要求学生面对中国实际，具备国际视野，以为中国各行各业的社会主义建设培养大批具备前瞻、创新、反思和批评能力的高素质领导型和创新型人才，主要是但不局限于法律和法学人才	开设法学专业，部分课程全英授课

续表

院校 类型	学校 名称	培养目标	培养模式
综合性院校	清华 大学	培养具有扎实的法学理论功底和较强的法律应用能力，具备深厚的人文素养和必要的自然科学知识、管理知识，适应国家建设所需要的德智体全面发展的高素质的法律人才	按通才培养理念，只设法学专业，部分课程双语或全英文授课
	厦门 大学	培养具有扎实理论功底和系统专业知识，敏锐的专业思维能力和较强的专业实践能力，良好的人文素养和司法伦理修养以及相当程度竞争力的高素质专门人才	开设法学专业，部分课程双语或全英文授课
	武汉 大学	培养适应全球化、信息化时代法治建设和社会发展需要的厚基础、宽口径、复合型、高素质的法律人才，使学生成为德、智、体、能全面发展，具有坚实的法学理论基础，掌握系统的法学专业知识，具备必要的相关知识与人文素养，拥有较强的表达、组织与沟通协调能力，富有创新精神、社会责任意识、实践能力、国际视野和语言能力的，德智体美与健康个性和谐统一的，集法律知识、法律思维、法律技能、法律职业道德与法律修养于一体的、致力于用法律服务社会、掌握中法/中德两国法律及主要国际条约与惯例，具有国际竞争力，既可从事学术研究，又可参与涉外法律及管理工作的高级复合型法律人才	开设中法法语、法学双学士学位试验班和中德德语、法学双学士学位试验班
	浙江 大学	培养一批能适应现代社会发展需要、法律职业技能和基础理论全面发展、具备扎实基础理论和丰富实践能力，能够参与国际法律事务和维护国家利益，并凸显卓越创新能力的高素质卓越法律人才	开设法学专业应用型复合型法律职业人才和涉外法律人才两个专业方向

续表

院校类型	学校名称	培养目标	培养模式
外语外贸类院校	北京外国语大学	紧密依托北外的外语教学优势，契合法律人才市场需求，培养复合型、实践型、国际化法律人才	开设法学专业，开展"法学＋英语""法学＋小语种"双学位培养模式以及中外联合培养模式
	上海外国语大学	培养具备国际视野和跨文化交流能力、通晓国际规则、能参与国际法律事务、提供国际化法律服务的复合型高端法律人才	开设上外涉外卓越法律人才实验班；开展法学＋英语双学位培养模式；开展交换生项目、单向派出留学项目、3＋1＋1项目（可获得国外大学 LLM 或 JD 学位）、3＋2项目等多种中外合作办学模式
	对外经济贸易大学	培养符合社会主义现代化建设需要，德智体美全面发展，系统掌握法学专业知识和国际经贸知识，英语水平突出，能够从事涉外经贸法律工作，具有创新精神和法律实践能力的国际化、复合型的卓越人才	开设涉外型卓越经贸法律人才实验班，同时开展法学＋英语双学位培养模式
	广东外语外贸大学	培养具有良好政治素质和道德修养，掌握扎实的法学基础理论和国际经贸法律知识，能熟练使用英语，通晓国际规则，具有开阔的国际视野，胜任政法部门、律师事务所、公司及其他企事业单位涉外法律工作的复合型法律人才	开设法学专业（国际经济法）方向；同时开展"法学＋英语""英语＋法学"两种培养模式；开展交换生项目、"3＋1"（国内三年＋国外一年）本硕连读的中外合作办学模式
	上海对外经贸大学	培养具有国际视野和跨文化沟通能力，既通晓国际贸易、国际投资和国际金融等领域的基本业务，又能掌握和熟练运用全球通用经贸法律规则的高素质的卓越国际经贸法律人才	开设法学（涉外卓越法律人才）实验班和法学（国际经济法方向）；开展本硕连读、交换生、学生游学等中外合作办学模式

（二）十所院校的涉外法治人才培养模式小结

基于以上梳理，我们认为上述十所院校在涉外法治人才培养方面的实践大致可以归为以下几种模式。

1. 综合培养模式

采用综合培养模式的院校（如北京大学、清华大学和厦门大学）通常不专门为涉外法治人才的成长做出特殊安排，而是基于通才理念进行培养。这些院校一般只设法学专业，部分法律课程采用双语或全英文授课；在课程设置上注重学生的学术能力、职业能力和人格素养等方面的全面发展，重在提升学生的国际化视野，引导学生通过自身的意愿和努力走向涉外法治人才之路。采用综合培养模式的多数是综合性大学法学院系。对于综合性大学法学院系而言，其比较优势在于学校本身有较强的综合实力和丰富的教学资源，有利于学生形成开阔的视野、打下广博的专业基础。

2. 特色实验班（试验班）模式

目前，在涉外法治人才培养方面多数院校采用特色实验班（试验班）模式。这种模式多采用包括外语能力考评在内的遴选机制和竞争淘汰机制，实施不同于常规的专门教学计划，并匹配有专门的教学团队。[1] 例如：中国政法大学在法学专业的学生中择优选拔，设立了法学涉外法律人才培养模式实验班和法学专业西班牙语特色人才培养实验班，单独为这两个实验班设计本科生培养方案，并安排专门的教师团队为实验班学生授课。上海外国语大学每年从法学院大一新生中择优选拔少数学生，组建涉外卓越法律人才实验班，由外籍专家参与培养，核心课程和特色课程实施全英文授课。特色实验班（试验班）针对不同的需求进行分班精英化培养，实施小班教学，有利于集中优势资源、结合学科特色培养涉外法治人才。

---

〔1〕 参见万猛、李晓辉：《卓越涉外法律人才专门化培养模式探析》，载《中国大学教学》2013 年第 2 期。

3. 专业复合模式

除了特色实验班（试验班）模式之外，不少院校也在不断探索"法学＋外语""外语＋法学"等双专业或多专业复合的涉外法治人才培养模式。例如：广东外语外贸大学在二十余年的办学实践中，形成了"外语＋法学"和"法学＋外语"两种复合型人才培养模式，其中，"外语＋法学"的人才培养模式主要依托商务英语学院的商务英语（国际经济法）专业予以实施，"法学＋外语"的人才培养模式主要依托法学院国际法专业予以实施[1]。北京外国语大学法学院依托全校 70 个语种的独特优势，形成了"法学＋英语""法学＋小语种""法学＋经济＋外语""法学＋复语"等多种复合类型[2]。此种专业复合的涉外法治人才培养模式打破了大学内部院系之间封闭的专业壁垒，通过整合法学院系和外语院系乃至整个院校的所有可用专业资源，便于集中优势资源打造精英化的涉外法治人才队伍。

以上三种涉外法治人才培养模式各具特色、各有侧重但也各有不足。综合培养模式旨在培养"厚基础、宽口径"的法律人才，有利于学生形成开阔的知识视野和宽厚的专业基础，但其针对性相对较弱，涉外法治人才培养的目标不够清晰。特色实验班（试验班）模式针对不同的人才需求进行单独培养，针对性较强，但覆盖面较小，难以显现规模效应。专业复合模式通过打破学科、专业之间的壁垒，通过跨专业或学科进行复合型人才培养，有助于提升涉外法治人才的适应能力和自我发展能力。但专业复合模式在课程设置和师资方面要求较高，不合理的课程安排和不充足的复合型师资容易导致"聚焦不足""两不像"的情况。

三、我国涉外法治人才培养实践的启示与展望

在改革开放、"一带一路"建设的人才需求和国家政策指引

---

〔1〕　参见石佑启、韩永红：《论涉外法治人才的培养——基于广东外语外贸大学办学实践的考察》，载《广东外语外贸大学学报》2015 年第 3 期。

〔2〕　参见王文华：《论涉外法治人才培养机制创新》，载《中国大学教学》2015年第 11 期。

的驱动下，近年我国高校在涉外法治人才培养方面做了不少有益的探索和实践。但正如以上我们所展示的那样，不同的培养模式都存在其不足，尚不能完全实现涉外法治人才培养的目标。为更好地满足国家战略对涉外法治人才的需求，实现涉外法治人才的培养目标，以下我们结合现有的涉外法治人才培养实践经验，从"因校施教""课程体系优化""协同培养"三方面提出进一步推动涉外法治人才培养的思路。

首先，高校作为涉外法治人才培养的重要基地，需要基于自身的特点和资源比较优势来选择适合的涉外法治人才培养模式。综合性大学法学院系的优势在于学校本身学科齐全，教学资源丰富。在涉外法治人才的培养过程中，应突出通识教育的特色，着力提升学生的法学专业能力与综合能力的有效融合，为"一带一路"培养熟悉各国政治、文化，熟悉当地法律的综合性较强的法治人才。[1] 因此，综合性大学的涉外法治人才培养宜优先采用前述的综合培养模式。为了弥补综合培养模式针对性不强的不足，可以考虑在研究生阶段开设面向涉外法治人才培养的具体专业方向。政法类院校的法学学术根基雄厚、专业化水平高。在涉外法治人才培养中则应依托这些特色和优势，集中优势资源，优先采用前述的特色实验班（试验班）模式。在该种模式下，探索课程体系的科学化设置，保证法学核心课程和法学全英文授课课程、通识课程和特色课程的有效衔接。外语外贸类院校应发挥自身的语言学科优势，在涉外法治人才培养中宜优先采用专业复合模式，强化"法学＋外语"或"外语＋法学"的交叉融合。通过双学位、中外合作办学等途径，扩充课程容量。高校只有结合自身的学科优势，"因校施教"，才能最大限度地整合资源，培养出既符合"一带一路"建设需求又具有院校独特烙印的法治人才。

其次，高校需要进一步优化涉外法治人才培养的课程体系。课程体系是涉外法治人才培养质量的重要保障，法学专业知识的

---

[1] 参见付子堂：《"一带一路"战略中法治人才培养模式分类探究》，载《法学教育研究》2017 年第 1 期。

学习、法律应用技能的获取和法律职业伦理的养成均有赖于科学的课程体系建设。考虑到涉外法治人才的基本素质要求，我们认为涉外法治人才培养的课程体系应涵盖五个先后衔接的课程模块：通识类课程、法学基础类课程、法律英语类课程、法律全英类课程和法律实践类课程。这五个课程模块的设置应该具有结构性，不同模块下的课程和同一模块下的不同课程应按照难度和需要性依序设置，以为学生未来的学习打下扎实的基础。而法律职业伦理教育作为一种态度或情感教育应贯穿上述课程体系的始终。[1] 其中，考虑到"一带一路"建设的实际需要，在上述课程体系中也应补充"一带一路"沿线国家相关法律文化和法律制度的选修课程，以提高学生的跨文化交流能力。

最后，应致力于打造以高校为核心、法律实务部门及法律服务机构共同参与的"法治人才培养共同体"。涉外法治人才应具备国际视野和出色的跨文化沟通能力，熟稔国内、国际法律规则以及高标准的法律职业伦理水平。应该说，一名合格的涉外法治人才的培养是一项需长期学习、实践的事业，仅凭一所高校的一己之力恐无法完成。高校需最大限度地整合资源，打造"法治人才培养共同体"，发挥协同育人的优势。协同育人可以分为"校内协同""校际协同""校地协同"三个方面。[2] "校内协同"是指通过一所高校内部不同学科、专业之间的交叉融合，整合全校优势资源，培养跨学科的复合型涉外法治人才。"校际协同"是指通过与国内外其他高校开展多种形式的合作办学，藉"善假于物"来培养具有国际视野和跨文化沟通能力的涉外法治人才。2016 年 7 月，教育部印发《推进共建"一带一路"教育行动》，提出要开展我国与"一带一路"沿线各国间的教育互联互通合作，实施"丝绸之路"合作办学推进计划，逐步疏通教育合作交

---

〔1〕　参见石佑启、韩永红：《论涉外法律人才培养：目标、路径和教学模式》，载《中国大学生就业》2012 年第 16 期。

〔2〕　参见何勤华：《推进协同创新，提高法学人才培养质量的几点思考》，载《法学教育研究》2013 年第 1 期。

流政策性瓶颈，实现学分互认、学位互授联授，协力推进教育共同体建设。"校地协同"则需要高校与法律实务部门、法律服务机构开展多种形式的合作，搭建共同培养涉外法治人才的平台。例如，邀请涉外法律实务部门专家共同参与涉外法治人才培养的目标设定、方案制定、过程指导和效果评价；与境内外的仲裁机构、律师事务所合作建立涉外法治人才培训和实习基地等。

四、结语

一名合格的涉外法治人才需要具有国际视野、具备跨文化交际能力，熟稔国内、国际法律规则，胜任国际法律事务的处理。从某种程度上而言，涉外法治人才的养成是一项需终身持续学习的事业。高校无法"一站式"提供"完成品"，但相关高校有义务提供涉外法治人才持续性自我生长所需的基本要素。不同类型的高校在涉外法治人才培养方面不应一哄而上，应结合自身的办学基础和比较资源优势，分别采用不同的培养模式，以培育出能够满足"一带一路"建设全方位、多元化需求的涉外法治人才。在此基础上，不同类型高校还应注重课程体系的优化和科学化设置，尤其应注重打造以高校为核心、法律实务部门及法律服务机构共同参与的"法治人才培养共同体"，发挥协同育人的优势。

人工智能时代的法律职业变革
与法学教育走向

◎尹　超*

摘　要：人工智能的发展态势和世界各国的人工智能发展战略，证明人工智能时代已经来临，并会对社会各个行业产生巨大影响。在法律职业领域，人工智能不仅给给司法工作带来机遇和挑战，也会对以律师职业为代表的法律服务业带来冲击，从而引发法律职业的变革，甚至催生新的法律职业。同时，人工智能及其所导致的法律职业变革，都会对法学教育提出新的发展要求。在人工智能时代，法学教育不仅要适应法律职业的社会需求，也要凸显人文素养和完善人格的教育，建立"人工智能＋法学"人才培养体系，从而把法律职业教育与通识教育、人工智能技术教育有机融合起来。

关键词：人工智能　法律职业变革　法学教育发展

从人工智能（Artificial Intelligence，简称 AI）诞生至今六十余年来，世界范围内的人工智能研究和应用获得迅猛发展。尤其是近些年，人工智能产品在社会各行

＊　尹超，男，中国政法大学法学教育研究与评估中心副教授，法学博士，教育学博士后，主要从事法学理论、法学教育、教育法治研究。

各业不断冲击着人们的眼球。在法律行业，欧美国家的人工智能"法律人"早已登上法律职业舞台，中国的"法小淘""睿法官""吴小甪""法狗狗"等法律人工智能产品和办案辅助系统也已面世。可以预见，人工智能时代的法律职业和法学教育，将会迎来一场新的变革。此时，我们有必要以审慎的态度看待人工智能，并对其在法律职业和法学教育领域内的发展趋势做出预判和展望。

一、人工智能何以成为一个时代

一般来说，人们会用一定历史时期内最具代表性的生产工具作为这个时代的标志，比如石器时代、青铜器时代、铁器时代、蒸汽时代、电气时代、信息时代，等等。其实，所谓的"时代"划分，主要还是看是什么推动了人类社会的变革。半个多世纪以来，计算机技术的出现，特别是网络通讯技术的出现，引起人类社会生产生活方式的信息化变革，信息量、信息传播的速度、信息处理的速度以及应用信息的程度等，都以几何级数的方式增长，这标志着人类社会已进入信息时代。在信息时代的大背景下，计算机的出现开启了"信息量"的时代，互联网的出现肇始了"信息传播"时代，而人工智能的出现则迎来了"信息处理"时代。而且，这三个时代并不是依次承接的关系，而是开始时间先后的关系。

（一）人工智能的发展概况

有人认为，在过去 50 年，人类 GDP 增长的根本动力是摩尔定律。[1] 摩尔定律带来的一个结果就是互联网的兴起以及产业的

---

〔1〕 摩尔定律是由英特尔（Intel）创始人之一戈登·摩尔（Gordon Moore）提出来的。其内容为：当价格不变时，集成电路上可容纳的元器件的数目，约每隔 18—24 个月便会增加一倍，性能也将提升一倍。换言之，每一美元所能买到的电脑性能，将每隔 18—24 个月翻一倍以上。这一定律揭示了信息技术进步的速度。集成电路发展初期最重要的应用领域是计算机技术领域。第三代计算机的发展是建立在集成电路技术基础上的，其硬件的各个组成部分，从微处理器、存储器到输入、输出设备，都是集成电路技术的结晶。20 世纪 60 年代中期大规模集成电路（后来是超大规模集成电路）的出现，不仅带动了整个 IT 行业的技术革命，而且导致了全球的自动化和信息化。

数字化，而这也带来了一个没有预想到的结果，就是各种数据量的急剧增长，最终导致了大数据的应用。摩尔定律和大数据共同带来的另一个结果就是"机器智能"成为可能。[1] 人工智能最初是由麦卡锡（John McCarthy）于 1956 年夏在美国达特茅斯会议（Dartmouth Conference）上提出的。人工智能作为计算机学科的一个重要分支，其核心目是使用机器模拟人的思维过程，进而代替人完成相应的工作；经过早期的探索和后来的体系化过程，它逐步与计算机科学、控制论、神经生理学、语言学等多种学科相互渗透，发展成为一门综合性前沿学科。至今，学术界对于人工智能的定义还存在争论，通常还有"弱人工智能"和"强人工智能"的区分。其中，弱人工智能是指各种模拟人或动物智能解决各种问题的技术，包括问题求解、逻辑推理与定理证明、自然语言理解、专家系统、机器学习、人工神经网络、机器人学、模式识别、机器视觉等；强人工智能是指有自我意识、自主学习、自主决策能力的人工智能，也是人工智能发展的终极目标，但是在意识问题没有解决之前，强人工智能的实现还有很长的路要走。[2] 目前来看，弱人工智能和强人工智能的研究均取得了一定进展，而且这两个方向的融合也是人工智能未来发展演进的方向。不过，现阶段主流科研主要集中在弱人工智能上，并且已在知识处理、模式识别、自然语言处理、博弈、自动定理证明、自动程序设计、专家系统、知识库、智能机器人等多个领域取得实用的成果。

不管是国际还是国内，人工智能的发展都经历了曲折的过程。在国际上，人工智能技术的发展经历了五个时期：一是起始期（1943—1956 年），二是上升期（1956—1960 年），三是衰退期（1960—1970 年），四是突破期（1970—1980 年），五是重生

---

[1] 吴军：《大数据和机器智能对未来社会的影响》，载《电信科学》2015 年第 2 期。

[2] 莫宏伟：《强人工智能与弱人工智能的伦理问题思考》，载《科学与社会》 2018 年第 1 期，第 14—24 页。

期（1980 年至今）。[1] 尤其是 21 世纪以来，由于人工智能算法的不断改进和计算条件、计算能力的进一步提升，人工智能技术进入了飞速发展的时期。就当前的使用场景来看，根据人工智能技术的演进路线，人工智能的关键技术主要可以分为三类：一是数据挖掘与学习，二是知识和数据的智能处理，三是人机交互。[2] 迄今，研究者基于神经网络的深度学习算法、生物进化的遗传算法、以及辅助学习的模糊逻辑和群体算法等，都开始进行大规模的实践；尤其是随着互联网的发展，人工智能技术已广泛运用到了智能搜索、语音识别、图像识别、生活预测、人机交互等方面，开始对人类生活的诸多领域产生深刻影响。[3] 在国内，人工智能技术也经历了四个阶段的发展过程：一是萌芽阶段（1978—2000 年），二是起步阶段（2000—2012 年），三是成长阶段（2012—2015 年），四是快速发展阶段（2015 年至今）。[4] 自 2015 年，我国人工智能研究开始进入爆发期。当前，我国在计算机视觉、语音识别技术方面已处于国际领先水平，相关革命性应用产品有望持续推出，一些人工智能应用已能够胜任规则相对明确、机械性较强的脑力劳动任务。更重要的是，国家政策对人工智能的大力支持，使得该行业的发展未来可期。

（二）人工智能被列入国家发展战略

随着人工智能与大数据、云平台、机器人、移动互联网及物联网等的深度融合，人工智能技术与产业开始扮演着基础性、关键性和前沿性的核心角色。[5] 因此，近年来，包括美、德、英、

---

〔1〕 贺倩：《人工智能技术发展研究》，载《现代电信科技》2016 年第 2 期，第 33 页。

〔2〕 贺倩：《人工智能技术的发展与应用》，载《电力信息与通信技术》2017 年第 9 期，第 34 页。

〔3〕 贺倩：《人工智能技术发展研究》，载《现代电信科技》2016 年第 2 期，第 19—20 页。

〔4〕 张洪国、陆平、邵立国、念沛豪：《中国人工智能发展简史》，载《互联网经济》2017 年第 6 期，第 84—90 页。

〔5〕 顾险峰：《人工智能的历史回顾和发展现状》，载《自然杂志》2016 年第 3 期，第 165 页。

法、日等世界主要发达国家，都有人类大脑研究及在此基础上的人工智能技术研发国家计划，都把发展人工智能作为提升国家竞争力、维护国家安全的重大战略，从核心技术、顶尖人才、制度标准等方面强化部署，力图抢占新一轮国际科技竞争的高地。比如在美国，白宫于 2016 年 5 月成立人工智能和机器学习委员会，专门协调各界在人工智能领域的行动，探讨制定人工智能相关政策和法律。2016 年 10 月，美国政府发布了《为了人工智能的未来做好准备》（Preparing for the Future of Artificial Intelligence）和《美国国家人工智能研究与发展战略规划》（National Artificial Intelligence Research and Development Strategic Plan）的文件，将人工智能提升到美国国家战略高度，为美国人工智能的发展制定宏伟计划和发展蓝图，并确定了有关人工智能发展的投资研发战略、人机交互战略、社会影响战略、安全战略、开放战略、标准战略和人力资源战略 7 个长期战略。2016 年 12 月，白宫又发布了一份关于《人工智能、自动化和经济》（Artificial Intelligence, Automation and the Economy）的报告，强调通过政策激励释放企业和工人的创造潜力，确保美国在人工智能的研发和应用中保持领先地位。

近年来，中国政府对人工智能的发展非常重视，从政策层面不断加大对该领域的支持力度。2015 年 7 月，"人工智能"作为国家"互联网＋"战略的一部分，被写入《国务院关于积极推进"互联网＋"行动的指导意见》。这是"人工智能"第一次在国家层面被明确为"形成新产业模式的重点领域"。2016 年 3 月，"人工智能"被写入国家"十三五"规划纲要。2016 年 5 月，国家印发了《"互联网＋"人工智能三年行动实施方案》，从科技研发、应用推广和产业发展等方面提出了一系列措施，支持人工智能领域的软硬件平台及生态建设。2016 年底，《"十三五"国家科技创新规划》和《"十三五"国家战略性新兴产业发展规划》都把发展"人工智能"作为一项重点内容。2017 年 3 月，人工智能作为战略性新兴产业的一部分，首次出现在政府工作报告中。

2017 年 7 月，新一代人工智能重大科技项目被列入"科技创新 2030—重大项目"，人工智能进一步上升为国家战略。更值得一提的是，2017 年 7 月 8 日，国务院发布《新一代人工智能发展规划》，从国家层面对人工智能进行系统布局，具体部署构筑我国人工智能发展的先发优势，加快建设创新型国家和世界科技强国。[1] 因此，不管是从生产工具技术发展的角度，还是从国家发展重大战略的层面，我们都可以肯定，人工智能时代已经来临。

二、人工智能时代的法律职业变革

人工智能时代的来临，必然会对法律行业产生深刻影响。在超强运算能力、大数据和持续改进的算法的影响下，人工智能对法律行业的影响，不仅表现在人工智能会对当下的法律规则和法律秩序带来一场前所未有的变革，在民事主体法、著作权法、侵权责任法、人格权法、交通法、劳动法等诸多方面与现有法律制度形成冲突，凸显法律制度产品供给的缺陷，[2] 更会具体推动和改进法律运作，并由此给法律职业[3]带来机遇与挑战。迄今，人工智能在法律行业中的应用和影响正在加深、加快，未来 10—20 年法律行业将可能迎来一场巨变。[4]

（一）人工智能引发司法实践的变化

不管是在欧洲还是在美国，人工智能"法律人"都开始登上法律职业舞台。在中国，部分法院和检察院已开始以语音识别、图像识别、证据指引和知识图谱等作为媒介，对人工智能进行初步运用，像"睿法官""吴小甬""法狗狗"等法律人工智能产

---

〔1〕 国务院：《新一代人工智能发展规划》，载 http://www. gov. cn/zhengce/content/2017 - 07/20/content_5211996. htm，最后访问日期：2018 年 5 月 2 日。

〔2〕 吴汉东：《人工智能时代的制度安排与法律规制》，载《法律科学》2017 年第 5 期，第 130—133 页。

〔3〕 本文所谈法律职业主要是指法官、检察官和律师，人工智能对法律职业的影响也主要以对司法实践和律师法律服务的影响为例。

〔4〕 曹建峰：《"人工智能 + 法律"十大趋势》，载《机器人产业》2017 年第 5 期，第 89—95 页。

品也逐渐运用于法律实践中。目前，全国法院机关和检察机关都在积极促进人工智能应用，探索"人工智能＋检察工作"和"人工智能＋司法办案"新模式，推动司法办案向人机结合模式转变。不得不说，司法机关近些年把大数据、人工智能与司法体制改革结合起来，改变传统的思想观念和工作方式，为司法实践的变革注入了推动力和创造力。

　　人工智能的应用在司法系统得到大力推动，究其原因，一方面是由于人工智能自身对整个社会的强大影响力，另一方面则是因为人工智能技术契合了司法系统提高工作效率的需要。近年来，随着社会结构转型和公民权利意识的增强，中国法院受理的案件数量年均以两位数增长，颇有诉讼爆炸之势，导致法官人均办案件数急剧攀升且居高不下，这也是司法部门积极采用互联网、大数据、云计算、人工智能等新型信息技术以提高司法效率的重要原因。[1] 以 2015 年和 2016 年人民法院的办案情况为例，立案和审理的案件数量足以反映其沉重的工作压力。2015 年，全国各级法院共登记立案 1323.6 万余件，同比增长 20.41%，当场登记立案率达 95%。其中，民事案件同比增长 20.2%，行政案件同比增长 61.5%，刑事自诉案件同比增长 23.5%。[2] 2016 年上半年，全国法院受案 1002.9 万件，同比 2015 年上升 18.94%，截至 2016 年 6 月 20 日，地方各级人民法院受理案件已经突破 14287064 件，比 2015 年同期高出 12.84%。从动态情况看，2016 年下半年，全国法院新收案件仍将继续呈快速增长态势。[3] 然而，人工智能相关辅助办案系统，不仅可以在推送同类案例和提供量刑参考、信息文献索引等方面进行智能化办案辅助，而且还可以运用语音识别系统等提高询问、讯问的效率。这就能够把法

----

〔1〕　季卫东：《人工智能时代的司法权之变》，载《东方法学》2018 年第 1 期，第 131 页。

〔2〕　李少平：《深化"繁简分流"改革 破解"案多人少"矛盾》，载《人民法院报》2016 年 6 月 8 日，第 5 版。

〔3〕　李少平：《坚持改革创新 落实司法责任 全面推进案件繁简分流机制改革》，载《人民法院报》2017 年 7 月 19 日，第 5 版。

官从大量的事务性、基础性琐碎工作中解放出来，显著提高司法人员的工作效率，从而实现司法资源的效用最大化。以贵阳政法大数据办案系统半年的试运行情况为例，该系统共办理刑事案件377 起，办理时间同比缩短 30%；因证据不足退回补充侦查率同比下降 25.7%；因证据不足不批准逮捕率同比下降 28.8%，服判率同比上升 8.6%；因证据不足做出无罪判决的案件"零发生"，案件办理质量显著提升，案件办理的时间明显缩短，提升了司法公信力和司法效率。[1] 因此，效率价值既是司法机关应用人工智能的工作动因，也是人工智能所产生的目的性结果。

人工智能在司法领域的应用，还可以为实现司法实践的公平正义提供强有力的技术支持。因为人工智能可以在一定范围内避免办案人员的随意性和局限性，最大限度减少人为误差和人情关系干扰。比如：智能辅助办案系统可以从制定证据的标准、规格、适用法律标准着手，为证据的稳定性、统一性、同质性提供技术支撑，避免因为人的差异对证据认定有偏差，继而影响事实的认定。[2] 这就从源头上杜绝了违法证据和瑕疵证据进入该系统。同时，智能辅助办案系统还可以自动抽取证据内容的核心要素，并进行矛盾性和逻辑性比对和判断，以验证证据链是否完整、闭合、符合逻辑以及证据之间有无矛盾。说到底，人工智能的程序化内核可以避免人的疏忽、遗忘或遗漏等人类主观难以避免的问题，更何况当今人工智能已具有深度学习的能力，一旦进行大量典型案例学习，其对证据合法性和完整性的把握能力将会更强。[3] 除此之外，智能辅助办案系统还可以在容易滋生执法司

---

〔1〕 央广网：《贵阳政法大数据办案系统：运用大数据技术 破执法司法难题》，载 http：//www.dzwww.com/xinwen/shehuixinwen/201707/t20170711_16145465.htm，最后访问日期：2018 年 4 月 27 日。

〔2〕 东方网：《人工智能时代的机遇和挑战 华政校长解码 "206" 辅助办案系统》，载 http：//www.dzwww.com/xinwen/shehuixinwen/201707/t20170717_16167042.htm，最后访问日期：2018 年 4 月 28 日。

〔3〕 潘庸鲁：《人工智能介入司法领域的价值与定位》，载《探索与争鸣》2017 年第 10 期，第 102 页。

法腐败的重点领域和关键环节，嵌入案件自流程化监督功能，将执法办案的规范化要求固化到日常监督管理中，变人工监督为数据监督、变事后监督为过程监督、变粗放监督为精确监督，实现对权力运行的全程、实时和自动监督管理，有效杜绝因个人原因造成的随意性办案和权力寻租等现象的发生。[1] 因此，人工智能可以在技术层面为司法的公开、公正提供更多可能，从而极大促进司法公正的实现和司法公信力的提高。

当今，人工智能在司法领域的应用主要包括三个方向：一是文书处理：主要是通过人工智能进行文书处理，比如庭审语音转文字、判决书生成等。像杭州互联网法院这样的法院平台，已经能够利用人工智能自动生成起诉书和判决书。这样，当事人只需将相关材料录入，智能平台就可以快速生成起诉书。法院对案件判决完毕后，智能平台还可以自动生成部分或全部判决书。现在已有不少法院开始在庭审中应用基于人工智能的语音转写系统，辅助书记员进行庭审文字记录，大大减轻书记员的工作压力。二是审理辅助：基于大数据、机器学习等技术的案件辅助审理系统，可以通过对大量案件的学习，学会提取、校验证据信息并预测案件判决结果，从而为法官判决提供参考。这种案件辅助审理系统能够建立标准化判案流程，提高同类案件判决的一致性，降低冤假错案发生的概率，增强司法公信力。三是智能咨询：在这方面，法院主要通过客服机器人等人工智能产品，为公众提供法律咨询服务。不可否认，尽管人工智能的智能性给司法领域带来诸多创新，但它还只能被定位于辅助办案工具，因为它在证据证明力大小的判断和证据的取舍方面，以及法官自由裁量权的裁夺和实质正义的判断方面等，都还难以发挥效用。即便如此，司法机关已经开始创造性地运用大数据和人工智能等领先技术，研制智慧检务和智慧法院系统，研发自动案件线索发现、智能定罪和辅助量刑、自动文书生成、自动法律问答和智能庭审等智能辅助

---

[1] 中新网：《贵阳研发政法大数据办案系统 打破"侦查中心主义"》，载 https：//item.btime.com/069cqak3mui8gl7mac71obsaef6，最后访问日期：2018 年 4 月 29 日。

工具，探索司法体制改革和现代科技应用相融合的发展道路。

（二）人工智能对法律服务业的影响

与司法领域相似，以律师业为代表的法律服务领域也在形成势不可挡的人工智能大潮。在技术层面，法律人工智能大大提高了法律服务机构的工作效率，推进了智能化法律服务时代的到来。从产品形态上看，人工智能在法律服务领域的应用，主要体现在信息检索、文书审阅、案件预测和智能咨询等四种形式。在律师界，人工智能主要在三个方面得到应用：一是信息查找与文件处理。通过人工智能技术对法律条文和判决书等进行结构化处理，律师可以利用自然语言或者案件关键信息，对相关法律条文和过往相关案例判决书等进行搜索，为案件处理提供参考。二是对案件进行案情预测。在信息检索的基础上，人工智能技术还可以为律师提供相关案例分析、胜诉率分析、关联企业分析、可视化数据和案件判决结果预测等。目前，国内的理脉智能和"法狗狗"都曾经推出过相关产品服务。三是智能客户服务。智能机器人被集成到律师公众号和网站等，为客户提供简单的法律智能咨询服务；同时，人工智能还可以帮助律师对客户进行初步筛选，从而提高律师工作效率。

当然，人工智能技术不仅可以提高律师的工作效率，还可能引起律师业的结构变化。从统计数据来看，2016 年全国共有 2300 万件诉讼，诉讼案件增长率达到 27%。尽管纠纷比例很高，但只有 20% 左右的人请了律师。这意味着，更多的人是自己站到法庭上为自己辩护。律师代理各类案件的比例并不乐观，除了民事案件律师代理率在 40% 左右，行政案件的律师代理率只有 25% 左右，刑事案件律师代理率只有 10% 左右[1]。究其根本，包括律师咨询代理费用在内的诉讼成本，不能不说是律师代理率偏低的重要原因。人工智能在法律服务领域的广泛应用，势必会大大降低法律咨询的人力成本，从而使得法律服务不再成为"奢侈品"。在购买

---

[1] 柯鸣：《法律机器人：行业的终结者还是开路者？》，载 http://www.ymtmt.com/news/index/detail/id14483.html，最后访问日期：2018 年 4 月 30 日。

法律服务时，消费者甚至会倾向于更为标准化并且可以被计算机处理的法律产品，因为这将意味着费用的降低。[1] 而且，人工智能还能够以其可靠、精准的技术，更出色地完成法律检索、自动化管理、信息采集与比对等这类机械性、重复性、标准化的法律工作，从而替代部分初级律师。牛津大学一份题为《未来的就业：哪些工作最容易受到计算机自动化的挑战》（The Future of Employment：How Susceptible Are Jobs to Computerisation）的研究报告称，律师助理被替代率是 94%，律师秘书高达 98%，法官被替代率是 40%，而律师仅为 3.5%。[2] 应该说，很容易被未来人工智能技术取代的，往往是那些仅仅掌握简单的技能、从事重复性劳动的律师，而那些具有较强人际交往能力、沟通能力和创新思维能力的律师则不容易被取代。

随着人工智能在法律领域的发展和应用，法律人工智能不仅能够缓解律师业的工作压力，还会催生新的法律服务机构，引发法律服务业的格局变化。牛津大学教授理查德·萨斯坎德（Richard Susskind）于 2012 年就曾在其《法律人的明天会怎样？——法律职业的未来》（Tomorrow's Lawyer：An Introduction to Your Future）一书中提到，随着法律对法律服务资格限制的放宽，新的法律服务机构即"替代性商业机构"将成为律师及律所强有力的竞争对手。从而，"非律师可以持有并运营法律服务机构；允许私募基金或者风险投资之类的外部投资者，将资金注入服务机构；还允许非律师成为律师事务所的合伙人"。[3] 从近几年的实践来看，法律服务提供方的确越来越多元化，大型律所、咨询公司以及法律创新科技公司都成为法律服务提供者，而且这种创新公司在全球范围内持续增

〔1〕　Richard Susskind, *The End of Lawyers? Rethinking of the Nature of Legal Service*, Oxford University Press, 2008, p. 27.

〔2〕　Carl Benedikt Frey and Michael A. Osborne, The Future of Employment：How Susceptible Are Jobs To Computerisation? https：//www. oxfor-dmartin. ox. ac. uk/downloads/academic/future-of-employment. pdf.

〔3〕　［英］理查德·萨斯坎德：《法律人的明天会怎样？——法律职业的未来》，何广越译，北京大学出版社 2015 年版，第 15—17 页。

加。在美国，以 Legal Zoom 为代表的法律服务提供商，已经开始通过人工智能技术为消费者提供法律咨询和代理服务，满足用户的法律需求。在国内，类似"无讼"这样的法律服务机构，也在逐渐兴起并影响法律服务市场。

法律人工智能的广泛应用，必然会对法律人的人工智能知识和技术提出要求。正如李彦宏所言："也许真要靠算法的顶层设计来防止消极后果。人工智能技术可能不只是理工科专业人士的领域，法律人士以及其他治理者也需要学习人工智能知识，这对法律人士和其他治理者提出了技术要求。法治管理需要嵌入生产环节，比如对算法处理的数据或生产性资源进行管理，防止造成消极后果。"[1] 同时，"当法律服务可以被标准化或者计算机化，就会需要更多有才华的法律人来组织海量的复杂法律材料和流程，并对其建模。法律需要先被分析和总结，然后被提炼成标准化的工作流程，并置于计算机系统之中。这样的成品可能会是一套独立的在线法律服务系统，也可能是把法律无缝植入一个更大的系统或流程之中。研发法律标准和流程，在计算机系统中组织和表达法律知识，这当然要求进行法律研究和法律分析"。[2] 这样，法律人工智能职业将作为法律行业的新兴职业而不断涌现。[3] 届时，法律机器人和法律人工智能需要相关技术人员和法律专家之间的通力合作。因此可以说，人工智能相关技术产品在替代和强化部分法律职业的同时，也会孕育其他新的法律职业。当前，一些国际律师事务所已经开始加强法律人工智能的能力建设，法律开发者、法律数据分析师和法律数据库管理者等逐渐加入律师事务所、法律数据库公司等法

---

〔1〕 李彦宏等：《智能革命：迎接人工智能时代的社会、经济与文化变革》，中信出版集团 2017 年版，第 312 页。

〔2〕 ［英］理查德·萨斯坎德：《法律人的明天会怎样？——法律职业的未来》，何广越译，北京大学出版社 2015 年版，第 129 页。

〔3〕 理查德·萨斯坎德在其《法律人的明天会怎样？——法律职业的未来》一书中，甚至提出法律知识工程师、跨学科法律人才、法律流程分析师、法律项目管理师、在线纠纷解决师、法律管理咨询师、法律风险管理师等八种法律人的新工作。参见［英］理查德·萨斯坎德：《法律人的明天会怎样？——法律职业的未来》，何广越译，北京大学出版社 2015 年版，第 129—137 页。

律机构。未来，技术与法律的结合将更为密切，对既懂法律又懂技术的复合型人才需求更大。

三、人工智能时代的法学教育走向

如前所述，人工智能给法律职业带来了新的机遇，也提出了新的挑战。法律职业对其从业者知识技能的需求变化，必然要求法学教育适应新的形势，对人才培养做出相应的调整和改革。同时，法学教育是跨法律与教育两种社会现象的实践活动，具有法律职业教育和高等教育的双重属性。因此，讨论人工智能时代的法学教育发展，既要考虑人工智能时代的法律职业对法学教育提出的新的发展需求，还要顾及人工智能对作为高等教育分支的法学教育的影响。

（一）法学教育发展的政策驱动

在国际上，越来越多的法学院开展了人工智能与法学的跨学科教学与研究。总体来看，有的法学院建立了人工智能与法学跨学科研究机构，有的开设了人工智能与法律研讨课和跨专业课程，有的还设置了人工智能法律诊所，有的设计了以"法律、科学与技术"为研究方向的法律硕士项目，有的甚至定期召开人工智能与法律国际会议，还出版《人工智能与法律》杂志。[1] 在中国，2017 年 7 月 20 日国务院发布了《新一代人工智能发展规划》，明确提出"人工智能 + X"复合专业培养新模式，其中法学赫然在列，这导致法学教育的变革发展已箭在弦上；同时，该规划还提出全面推进"智能教育"的实施，指出要利用智能技术加快推动人才培养模式、教学方法改革，构建包含智能学习、交互式学习的新型教育体系；开展智能校园建设，推动人工智能在教学、管理、资源建设等全流程应用；开发立体综合教学场地、基于大数据智能的在线学习教育平台；开发智能教育助理，建立智能、快速、全面的教育分析系统；建立以学习者为中心的教育

---

〔1〕 程骞：《法学院：拥抱人工智能时代》，载 http：//opinion. hexun. com/2017 - 08 - 01/190284495. html，最后访问日期：2018 年 5 月 1 日。

环境，提供精准推送的教育服务，实现日常教育和终身教育定制化；利用智能技术加快推动人才培养模式、教学方法改革，构建包含智能学习、交互式学习的新型教育体系，提供精准推送的教育服务，实现日常教育和终身教育定制化。[1]

为贯彻落实国务院发布的《新一代人工智能发展规划》，教育部于 2018 年 4 月 2 日制定《高等学校人工智能创新行动计划》，引导高校瞄准世界科技前沿，进一步提升高校人工智能领域科技创新、人才培养和服务国家需求的能力。概括地说，该规划中与法学教育联系紧密的内容主要有以下五个方面：一是促进人工智能与法学学科的交叉融合，探索"人工智能＋法学"的人才培养模式，开展"人工智能＋法学"复合特色专业教育。二是推动"人工智能＋法学"教材和在线开放课程建设。三是促进法学类院校和相关学科与人工智能学科的结合，充分应用文本分析、语音识别、机器学习、知识图谱等技术，研发智能辅助工具。四是加快推进人工智能与教育的深度融合和创新发展，研究智能教育的发展策略、标准规范，探索人工智能技术与教育环境、教学模式、教学内容、教学方法、教育管理、教育评价、教育科研等的融合路径和方法，全面推动教育现代化。五是推动学校教育教学变革，构建技术赋能的教学环境，探索基于人工智能的新教学模式；推动终身在线学习，鼓励发展以学习者为中心的智能化学习平台，创新服务供给模式，实现终身教育定制化。[2]其中，前三项内容与法学教育直接相关，后两项内容则是从高等教育的角度与法学教育产生联系。新形势下，国内已有多所法学院校开始设立人工智能相关研究教学机构，开设法学与人工智能相结合的技术类课程。

（二）"人工智能＋法学"教育探索

在探究人工智能时代的法学教育发展时，我们首先要思考人

〔1〕 国务院：《新一代人工智能发展规划》，载 http：//www. gov. cn/zhengce/content/2017 –07/20/content_5211996. htm，最后访问日期：2018 年 5 月 2 日。

〔2〕 教育部：《高等学校人工智能创新行动计划》，载 http：//www. cac. gov. cn/2018 –04/11/c_1122663790. htm，最后访问日期：2018 年 5 月 2 日。

工智能时代需要什么样的人才。在大学理念发展史上，一直存在着通识教育（自由教育）（General Education 或 Liberal Study）与专业教育、通才教育与专才教育、求真与求用、学术自由与社会责任、社会本位与个人本位、大学自治与国家控制等诸对范畴的对立与冲突，支配和统领这些冲突的高等教育哲学，是理性主义与功利主义高等教育哲学的冲突与融合。[1] 二战之后，特别是在近几十年，人们逐渐认识到理性主义和功利主义各自的不足，两种高等教育哲学在冲突中逐渐走向融合。简单地讲，理性主义和功利主义融合后的大学教育，既强调人的全面发展，也重视社会的发展需要。在人工智能时代，"人工智能 + 法学"的人才培养也有必要从上述两个方面深入思考。

1. 法学教育促进人的全面发展

大学法学教育属于高等教育的分支，其高等教育属性决定了它应当努力满足人的全面发展和社会的发展两个方面的需要。在人工智能时代，法学教育仍然要承担大学通识教育和法律专业教育双重职能。正如《哈佛通识教育红皮书》所指出的，教育可分为通识教育与专业教育两部分；前者主要培养学生成为一个有责任感的人和公民，后者则培养学生的职业能力。[2] 通识教育是涵养人文精神的教育，它超越功利性与实用性，把独立人格与独立思考能力的养成作为终极追求，旨在把学生培养成全面发展的人。同时，从《未来的就业：哪些工作最容易受到计算机自动化的挑战》研究报告所分析的 365 种职业在未来的"被淘汰概率"来看，有三类技能将来被机器人取代的可能性比较小：一是社交能力、协商能力以及人情练达的艺术；二是富有同情心，以及对他人真心实意地扶助和关切；三是创意和审美。这三类职业所需要的能力与素养，恰恰是人文教育所关注和强调的内容。再者，

<hr>

〔1〕　刘宝存：《理性主义与功利主义大学理念的冲突与融合》，载《北京师范大学学报（社会科学版）》2006 年第 3 期，第 28 页。
〔2〕　哈佛委员会编：《哈佛通识教育红皮书》，李曼丽译，北京大学出版社 2010 年版，第 42—45 页。

智能产品是人的智性结晶，而人不光有智性，还有心性和灵性。人的心性是感情、情绪、感觉的发源地，属于完全不同于智性的领域。人的灵性与人的精神世界、崇拜及信仰有关。[1] 人工智能虽然可以在智商层面超越人类，但人的理解、情感、同情心、共鸣性等方面，是智能机器所无法取代的，而人的心性和灵性的培养和完善也都需要人文教育来完成。

进一步说，当许多重复性工作将随着人工智能的发展而逐渐为机器所替代时，人相对于机器的优势就在于，人类思维和意识的整体性以及人类情感的丰富性，决定了人比机器更善于设计、创造、批判和审美。此时，人将更多地从事富有创意的工作，以及满足个体对个性及审美情趣需求的工作。因此，在人工智能时代，法学教育除了要增加人工智能相关技术的操作开发教育之外，更要凸显人文和审美教育，既服务于智能化、个性化、人性化和多元化的时代需要，又可以提升人的审美能力，培养人的完善人格，促进人的全面发展。近些年，法学院校在讨论法学教育改革时，一味强调法学教育的职业教育属性，这在客观上弱化了法学教育中的人文素质教育。可以断定，在人工智能时代，法学教育中的人文素质教育将会强势回归。这意味着，法学教育将会在加强通识教育的基础上，强调理论教育与实践教育的进一步融合，坚持学术和实务相结合的道路，而不是"实务律师把法律学者看作象牙塔里与真实世界脱节的理论家，而法律学者则把法律日常事务工作仅仅看成是商业行为"。[2] 因此，法学教育如何结合智能化的时代背景，把法律职业教育与通识教育、人工智能技术教育融合在一起，培养跨专业、跨文化的复合型人才，将成为未来时代发展的必然趋势。

2. 法学教育适应法律职业的社会需求

从满足社会发展需要的角度看，人工智能时代的法学教育要

---

〔1〕 於兴中：《当法律遇上人工智能》，载《法制日报》2016 年 3 月 28 日，第 6 版。

〔2〕 ［英］理查德·萨斯坎德：《法律人的明天会怎样？——法律职业的未来》，何广越译，北京大学出版社 2015 年版，第 155 页。

适应人工智能给法律职业带来的机遇和挑战，满足法律职业对法学教育所提出的新需求，培养"人工智能＋法学"复合型法治人才。鉴于此，法学教育必须转变教育理念，主动促进人工智能与法学学科的深度交叉融合，汇聚学科优势、保持合理的学科结构和学科发展的前瞻性、战略性，进而引领法学教育在教学要素和环节的变革。具体而言，法学院校应围绕"人工智能＋法学"的学科建设，从师资力量、课程体系、教学方法与手段等方面，建立相应的人才培养模式。为此，法学院有必要打破学科壁垒和院校疆界，与科研院所、企业等机构合作开展"人工智能＋法学"的学科建设，实现"人工智能＋法学"的产、学、研一体化；一方面要建立"人工智能＋法学"教学科研机构和平台，另一方面要在引进相关人才的同时，整合校内外计算机专业的人才资源，积极探索跨学科的师资团队。在"人工智能＋法学"学科建设的基础上，法学院校可以试点设置不同学历层次的跨学科教育，增加"人工智能＋法学"的硕士、博士招生计划数，逐步健全"人工智能＋法学"人才培养机制。

在课程体系建设方面，我们可以依托教育智能的技术应用，并适应人工智能技术的不断发展，积极借鉴国外法学院在"人工智能＋法学"课程方面的成熟经验，结合本院校的实际情况和办学特色，根据不同学历层次人工智能法学教育的需要，研发以学习者为中心的人工智能法学课程体系，编写适应时代需要的"人工智能＋法学"系列教材，培养学生适应未来社会发展和个人终身发展所需要的关键能力和必备品格。当然，课程的设计不仅要重视人工智能法律实务操作，也要重视人工智能时代的法律制度构建。因为，在人工智能时代，人工智能技术带来的不仅仅是法律职业实务、生态与路径的变化，还会带来潜在的法律问题，而这些问题可能会对法律规制、司法程序、权利保护、职业伦理以及争端解决方式等产生深刻影响。而且，未来的人工智能将拥有超强的存储能力和处理海量信息的能力，还将具有拟人化的语音技术和逼真的现实感官，这会给法学教育过程带来巨大变化。其一，从教学内容看，法学教育将更注重对学生批判性思维、创造性思维、智能工具操作开发能力、法律职业伦理、法律职业技能以及创新创业实践能力等方面的训练。其二，由于人工智能可以为教育提供个性化、多元化和高品质的服务，法学教育将会更加重视学生在整个学习过程的中心地位，强化并落实学生的自主学习，使学习重心由"教"走向"学"，真正顺应学习的个性化方向。更前瞻一点说，法学院校通过建立以学习者为中心的教育环境，提供精准推送的教育服务，可以打破法学教育在学校教育与社会教育之间的壁垒，实现日常教育和终身教育定制化。

毋庸置疑，人工智能在教育领域的应用，将会对教育生态和教育环境带来重要变化，为法学教育的教学方式方法提供技术条件。人工智能的盛行必然会强化教学媒介在课堂组织中的作用。当今，智能校园、立体化综合教学场、基于大数据的智能在线学习教育平台、智能教育助理是人工智能在教育领域的四种应用形态[1] 其中，智能校园旨在推进教育教学现代化，科研活动信息化，资源共享化，管理科学化，决策智能化，以建立数字化、人性化、聪明化的校园社区服务体系。立体化综合教学场是线上线下一体化的辅助教师教学、支持学生个性化学习的场所，如智慧教室、数字化实验室、综合创新实验室等。基于大数据智能的在线学习教育平台，通过教育数据的挖掘与智能化分析、实时跟踪与反馈的智能测评、学习分析与学习者数字画像，为学习者提供个性化自适应学习服务。智能教育助理通过轻量级的教育应用，能够辅助教师教学、学生学习、管理者管理，为用户提供便捷的智能化教育服务。目前，智能教育助理产品有辅助个性化教与学的智能导师、教育机器人、学习伙伴等。根据当前的科技发展水平预测，智能终端设备、机器人"助教"、3D 显示"黑板"和遥控桌椅等或将成为主流教学媒介。这些都为构建新型教育体系，从教学方式方法上建立以学习者为中心的教育环境提供条件。

---

〔1〕 吴永和、刘博文、马晓玲：《构筑"人工智能 + 教育"的生态系统》，载《远程教育杂志》2017 年第 5 期，第 33 页。

　　不管我们承认与否，人工智能时代已经来临。在人工智能时代，我们既要重视人工智能对法律职业的变革性影响，也要前瞻性地关注法学教育的发展走向。当前，虽然人工智能发展尚处于初级阶段，但在这个过程中，不管是人工智能还是法律职业和法学教育，我们都需要把握其发展的趋势和可能的未来。

课堂与教学

Curriculum and Teaching

法学专业本科毕业论文撰写情况调研报告 *

◎韩　冰 **

摘　要：本科毕业论文对法学专业学生的能力训练和培养具有重要意义，但法学专业本科毕业论文也存在突出的质量问题，并且本科毕业论文低质量现象较为普遍。探索提升本科毕业论文质量的措施，使其充分发挥对专业人才培养的功能，是本篇调研报告的目标导向。报告对某高校法学专业 2015—2018 届学生的 381 篇本科毕业论文进行了调查研究。从调研结果看，毕业论文形式是影响本科毕业论文质量的因素之一，不同形式的毕业论文可以满足学生就业或考研的不同需求。而对论文质量有决定性意义的因素则是毕业论文的"前期基础"，即在做毕业论文之前的学习过程中，学生是否对某一专业问题有过关注和思考，以及学生是否获得了基本科研能力的相应训练。因此，应高度重视教学管理工作，既要对毕业论文教学环节做出科学合理的制定安排，也要

---

　*　本文为黑龙江省教育科学"十二五"规划课题"本科毕业论文在应用型法律人才培养过程中的改革与创新研究"（课题批准编号：GJD1214032）的研究成果。
　**　韩冰，女，黑龙江兰西人，哈尔滨理工大学法学院副教授，法学博士。

对学习过程中的教与学提出合理要求，为毕业论文质量提供保证。

关键词：本科毕业论文 法学专业 法学教育

一、前言

本科毕业论文是实现培养目标的重要教学环节，是培养大学生创新能力、实践能力和创业精神的重要实践环节（教高厅〔2004〕14 号），其存在意义毋庸置疑。对法学专业毕业生而言，毕业论文在训练和考查学生逻辑思维论证、分析解决问题、语言表达等能力方面，更具有无可替代的优势。2018 年教育部发布《法学类教学质量国家标准》，其中要求法学类专业人才应"具备利用创造性思维方法开展科学研究工作和创新创业实践的能力"，法学本科毕业论文正是这种能力的积极载体。在法学本科毕业论文必须保留的逻辑前提下，调查研究法学本科毕业论文的撰写情况，梳理问题，总结对策，对于探索本科毕业论文的改革之路、提高论文质量，不失为一种客观、理性的研究路径。

调研对象高校法学专业自 2015 年启动了本科毕业论文改革。本报告的调查样本为该校法学专业 2015—2018 届共 381 篇本科毕业论文，其中，2015 届毕业论文为改革前调查样本，2016—2018 届毕业论文为改革后调查样本。调研主要从论文形式、论文选题和论文质量三个方面，比较分析法学本科毕业论文的撰写情况，探索毕业论文教学环节的完善途径，为提高法学本科毕业论文质量建言献策。

二、主体内容

（一）论文形式

在被调查的 381 篇毕业论文中，综合性论文占绝大多数。从 2016 届毕业论文开始，论文形式出现了案例分析报告和调查研究报告。案例分析报告的篇数分别为 2016 届 5 篇、2017 届 12 篇、2018 届 9 篇，分别占当年论文总篇数的 5.4%、12.2% 和 8.8%。

2017 届有 1 篇调研报告，占当年论文总篇数的 1% 。

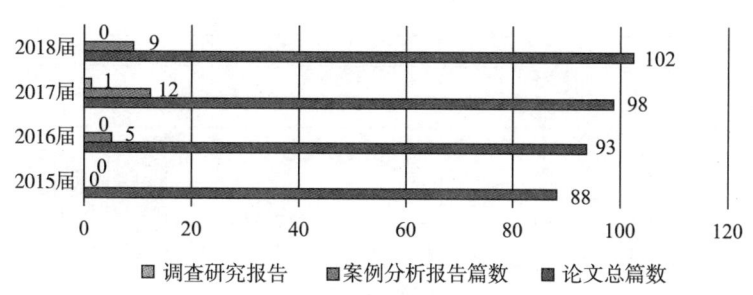

图 1 毕业论文形式

　　调研对象高校 2015 年下半年启动了本科毕业论文改革，在原先单一的综合性论文基础之上，增加了案例分析报告和调查研究报告两种形式。因此，在论文形式的数据中出现 2015 届论文体裁单一、2016—2018 届有综合性论文之外的其他体裁论文现象。另外，2017 届 1 篇调研报告论文的基础是学生参加"挑战杯"竞赛成果的一部分，参赛学生在竞赛成果基础之上加以整理形成了本科毕业论文。

（二）论文选题

1. 选题来源

　　毕业论文选题来源包括学院提供的参考题目、教师课题、学科竞赛和自拟题目四类。也是始于该校 2015 年下半年的毕业论文改革要求，其将教师承担的课题研究纳入毕业论文参考题目范围，并鼓励学生在学科竞赛所思所学基础上完成毕业论文。故从 2016 届开始出现来自于教师研究课题或来自于学科竞赛的毕业论文题目。2016 届来自课题或竞赛的论文为 5 篇，占当年论文总篇数的 5.4% ；2017 届也是 5 篇，占 5.1% ；2018 届为 1 篇，占 1% 。整体上，课题来源和竞赛来源的选题比例仍然不高；自拟题目比例均超过 50% ，来自参考题目的选题也均在 30% 以上，这两类论文题目来源占了学生选题来源的绝大多数。据了解，学生实际参加的学科竞赛或大学生创新创业项目在 10 项以上，但以此为基础完成的毕业论文只有 1 篇，一定程度上反映出学生的日常学习思考缺乏连贯性。如果学生能在竞赛或"大创"项目基础上完成毕业论文，必定能够提升毕业论文的整体质量。

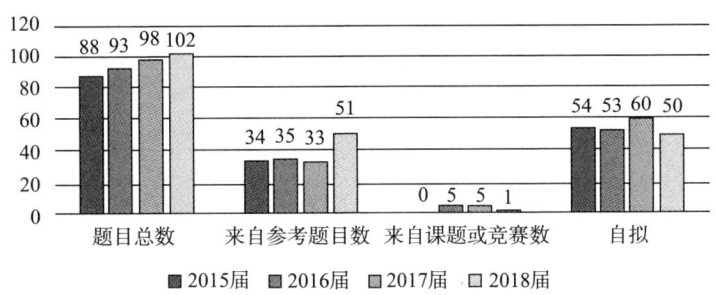

图 2　选题来源

2. 选题内容

论文选题内容涉及民法、刑法、行政法、诉讼法等各部门法知识，选取角度与实际问题关联程度较高。虽然所有论文题目的最终立足点都在于解决实际问题，但从选题内容看，绝大部分论文都属于与实务问题直接相关的题目。理论类论文题目集中于法理学、宪法学和中国法制史三个领域，这三个部门法本身性质决定了以此为题目的论文理论性较强。

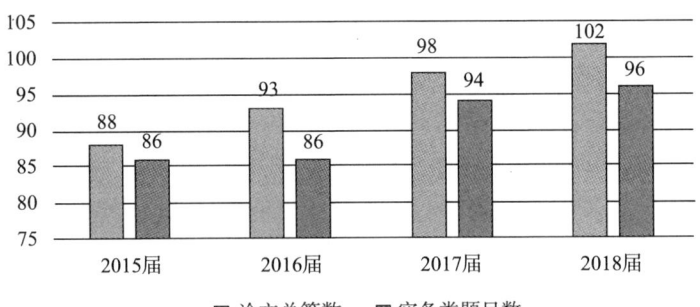

图 3　实务类题目数

学生的毕业论文较为普遍地选取典型案例作为研究对象。翻阅 381 篇论文，直接在论文题目中体现典型案例的论文共 25 篇（见表 1），其他大部分论文的具体内容也都引用了相关案例，如陆红霞诉南通市发改委案、红黄蓝幼儿园虐童案等，作为阐述论证的依据。无论是否在论文题目中直接体现案例名称，学生选取

的案例大多数为当年或近几年受关注程度较高的案例，如 2017
年初审结的王力军非法经营案、2017 年中发生的杭州保姆纵火
案、2017 年底爆出的红黄蓝幼儿园虐童事件等，都成为当届学生
撰写毕业论文的素材，一定程度上反映了学生对社会热点问题的
关注。

表 1　典型案例

2016 届	2017 届	2018 届
1. 今麦郎"天价索赔"案	1. 产前检查纠纷案	1. 朱建勇案
2. 快播案	2. "天价拖车费"案	2. 黄志波案
3. 半岁女婴性侵案	3. 蒋明礼案	3. 熊猫烧香案
4. 掏鸟案	4. 乔丹商标纠纷案	4. 田德龙、李春抢夺案
5. 李某盗窃案	5. 偷换二维码案	5. 佘祥林、赵作海案
	6. 郭学周抢夺案	6. 辛某故意杀人案
	7. 辱母杀人案	7. 杭州保姆纵火案
	8. 王力军倒卖玉米案	8. 于欢案
	9. 于欢案	
	10. 贾敬龙案	
	11. 王文茹交通肇事逃逸案	
	12. 不满诊断建议暴力伤医案	

（三）论文质量

此次调研中，笔者泛读 381 篇毕业论文、精读其中 30 篇。30
篇精读论文包括 25 篇案例分析报告、1 篇调研报告，并从全部泛
读论文中筛选 4 篇与案例分析报告选题内容相同的综合性论文。
精读和泛读的目的：一是掌握传统综合性论文与其他体裁论文的
优缺点，二是比较分析论文体裁与论文质量之间的关系。

通过对不同类型论文目录的比较可以发现，综合性论文的结
构较为完整，基本上有较为明显的提出问题、分析问题和解决问
题部分，阐述内容较为丰富，包含相对较多的理论阐述和外国制

度借鉴章节，涉及理论铺陈、原因分析、立法构想等内容。案例分析类论文的结构则相对较为简单，主要包括案情介绍、案件争议焦点、对案件涉及法律问题的分析等部分，各章节内容紧紧围绕所分析案件展开论述。以下是就同一法律问题采取不同体裁形式的论文的四组目录比较，为节省篇幅，笔者省略目录中三级及以下标题。

第一组：

综合性论文：《论我国刑法中设立交通肇事逃逸罪的构想》

第 1 章　我国现行刑法对于交通肇事罪的规定

　1.1　交通肇事罪的概念

　1.2　交通肇事罪的构成特征

　1.3　交通肇事罪中的逃逸行为

　1.4　非交通肇事罪的逃逸行为

第 2 章　交通肇事逃逸行为的相关问题

　2.1　逃逸行为的分类

　2.2　交通肇事逃逸行为的基本构成

第 3 章　单独设立交通肇事逃逸罪的构想

　3.1　我国刑法中交通肇事逃逸行为的规制缺陷

　3.2　设立交通肇事逃逸罪的必要性与可行性

　3.3　国外有关交通肇事逃逸行为规制的评析与借鉴

　3.4　在刑法中设立交通肇事逃逸罪的立法建议

案例分析报告：《王文茹交通肇事逃逸案分析报告》

第 1 章　基本案情

　1.1　案情简介

　1.2　案情进展情况

第 2 章　案件争议焦点

　2.1　案件的法律性质

　2.2　王文茹案中王文茹的责任认定

第 3 章　对案件的分析

　3.1　法律性质的分析

3.2　对当事人责任的分析

第二组：

综合性论文：《中国儿童性侵害法律保护现状及对策分析》

第 1 章　儿童性侵害犯罪中的基本概念及特点

　1.1　儿童性侵害犯罪的基本概念

　1.2　儿童性侵害犯罪的特点及原因

第 2 章　我国儿童性侵害犯罪的立法现状及缺陷

　2.1　儿童性侵害犯罪中强奸罪的规定及缺陷

　2.2　儿童性侵害犯罪中猥亵儿童罪的规定及缺陷

　2.3　嫖宿幼女罪的规定及缺陷

第 3 章　域外对儿童性侵害犯罪的规定及借鉴

　3.1　根据案情对犯罪分子量刑

　3.2　根据社会现状更新法律

第 4 章　完善我国儿童性侵害犯罪的建议

案例分析报告：《"半岁女婴性侵案"分析报告》

第 1 章　案情简介

　1.1　基本案情

　1.2　判决结果

第 2 章　本案争议焦点

　2.1　本案应定强奸罪还是猥亵儿童罪

　2.2　本案被害人应不应该获得精神损害赔偿

第 3 章　本案涉及的法律问题

　3.1　强奸罪和强制猥亵他人罪的界限

　3.2　刑事案件被害人的精神损害赔偿问题

第 4 章　对本案的分析

　4.1　本案应定强奸罪

　4.2　我国刑事性侵案件被害人应该获得精神损害赔偿

第三组：

综合性论文：《论故意伤害罪和故意杀人罪的界限》

第 1 章　故意伤害罪和故意杀人罪概述

　1.1　客体方面的比较

　1.2　客观方面的比较

　1.3　主体方面的比较

　1.4　主观方面的比较

第 2 章　两罪区分存在的问题

　2.1　故意伤害罪和故意杀人罪未遂难以区分

　2.2　故意伤害致人死亡与故意杀人既遂难以区分

第 3 章　两罪难以区分的原因

　3.1　对故意伤害罪和故意杀人罪立法不完善

　3.2　实际案件比较复杂

第 4 章　两罪区分的方法

　4.1　区分两罪应采取从客观到主观的路径

　4.2　客观行为分析法

　4.3　动机分析法

　4.4　摒弃一些传统的错误做法

案例分析报告：《蒋明礼案分析报告》

第 1 章　案情简介

第 2 章　本案争议焦点

　2.1　被告人的行为应定故意伤害罪还是过失致人死亡罪

　2.2　对本案被告人是否可免除刑事处罚

第 3 章　本案所涉及的刑事法律问题

　3.1　故意伤害罪与过失致人死亡罪的界限

　3.2　危害（伤害）行为的认定

　3.3　被害人过错问题

　3.4　故意伤害罪或过失致人死亡罪的量刑

第 4 章　对本案的分析

　4.1　被告人的行为应认定为过失致人死亡罪

4.2　本案当事人自身因素对量刑的影响

第四组：

综合性论文：《论盗窃罪与诈骗罪的界限》

第1章　绪论

第2章　盗窃罪与诈骗罪的相关理论

2.1　盗窃罪的概念

2.2　盗窃罪客观形式分析

2.3　诈骗罪的概念

2.4　诈骗罪的客观形式分析

第3章　两方关系中盗窃罪与诈骗罪的区分

3.1　现有区分盗骗交织案件方法的观点概述

3.2　客观处分行为和主观处分意识相结合区分方法的观点

第4章　三方关系中盗窃罪与诈骗罪的区分

4.1　三角诈骗

4.2　盗窃罪的间接正犯

4.3　盗窃罪的间接正犯与诈骗罪的区分

第5章　盗窃罪和诈骗罪易混淆的特殊情形分析

5.1　行为对象是机器的情形

5.2　逃单情形

5.3　盗窃罪与诈骗罪的重合情形

案例分析报告：《"偷换二维码案"分析报告》

第1章　"偷换二维码案"的案情简介及争议焦点

1.1　"偷换二维码案"的案情简介

1.2　"偷换二维码案"的争议焦点

第2章　"偷换二维码案"所涉及的刑事法律问题

2.1　诈骗罪与盗窃罪的概念与特征

2.2　诈骗罪与盗窃罪的区分

第3章　对"偷换二维码案"的具体分析

3.1　偷换二维码者的行为应认定为诈骗罪

3.2　偷换二维码者的行为属于诈骗罪中的三角诈骗

1. 综合性论文的撰写情况

进一步研读论文具体内容发现，综合性论文表现出结构完整、阐述内容丰富的优点，一定程度说明学生接受了指导老师关于毕业论文基本规范的指导，但同时也存在明显的问题。综合性论文的结构虽看起来比较完整，体现出较为明显的提出问题、分析问题和解决问题章节，然而细读各章节内容，有一定程度的"教材式"体例痕迹，读之无味，并且能够发现各章节之间的逻辑联系不够紧密，而具有阐述内容丰富的优点同时又存在论述内容稍显散乱的问题，"明晰的论证意识是一篇论文成为论文的前提"[1]，遗憾的是不少论文中看似丰富的内容实际上并未充分服务于主题论证，有堆砌凑字嫌疑。

如《论盗窃罪与诈骗罪的界限》一文第 2 章阐述盗窃罪与诈骗罪的相关理论，其中分别阐述了盗窃罪和诈骗罪的客观形式，通过两个相关案例阐释了如何理解"窃取行为的秘密性""窃取行为是一种和平转移占有的方式"，通过解释"行为人实施欺骗行为、对方产生或维持认识错误、对方基于认识错误处分财产、行为人或第三人取得财产、对方遭受财产损失"说明了何谓诈骗罪的客观形式。论文将上述内容作为与论文主题相关的理论问题，但事实上该论文在后文中无论是分析两方关系、三方关系，还是易混淆情形时，都较少涉及第 2 章所述的相关理论问题，即第 2 章内容与第 3、4、5 章内容的逻辑关联度较低。

再如《论我国刑法中设立交通肇事逃逸罪的构想》一文的 3.3 部分《国外有关交通肇事逃逸行为规制的评析与借鉴》，其中分别介绍了德、日、美三国的相关情况，关于美国情况的文字内容是：

依据美国的刑事法律，构成交通肇事罪的主观方面的要件只能是故意，过失不构成本罪。那如何认定行为人是否存在故意

[1] 何海波：《法学论文写作》，北京大学出版社 2014 年版，第 111 页。

呢，如果行为人喝酒、吸毒、不遵守交规，闯红灯都视为存在故意。如果行为人主观上是过失，如车辆失灵，躲避不及等即使受害人出现伤亡，也不构成刑法上的犯罪，但需要承担民事责任经济上的赔偿。

显然，该部分文字内容并未涉及交通肇事逃逸。而在"借鉴意义"部分中的文字内容是：

从德国、日本、美国对于交通肇事逃逸行为的规制来看，无论是将此行为独立入罪还是以其他罪名处罚，都不难看出对于交通肇事逃逸行为无论是在入罪的标准上、还是刑事处罚的程度上都严于我国现行的相关规定，无论是大陆法系国家，还是英美法系都表现出对于"逃逸行为"的零容忍。我国的法律在变革和发展的方向上应该在符合国情的基础上借鉴发达国家的法制发展的优秀成果。[1]

首先，前面关于美国的部分并未涉及交通肇事逃逸，此处何来从美国的规制得出启示；其次，所谓借鉴意义并无实质性内容，不过是大而化之的套话，其实并没有从三国的制度设计中得出某些真正可供法律移植的有益因素。"法律写作重在分析，而分析需要讲逻辑关系"[2]，通过对上述具体内容的分析，可以印证前文所述，综合性论文虽涵盖内容丰富，但显然缺少逻辑和分析，难免有堆砌之嫌。

2. 案例分析报告的撰写情况

研读案例分析报告，其中表现出问题意识清晰、论证集中的优点，如《"偷换二维码案"分析报告》一文明确指出"争议焦点主要在于将本案定性为诈骗罪还是盗窃罪的问题"，《蒋明礼案分析报告》一文明确指出案件的关键在于"被告人的行为应定故

---

〔1〕　该段文字部分语句不够顺畅，为体现论文原貌，笔者未作修改。
〔2〕　朱伟一：《法学院》，北京大学出版社2014年版，第70页。

意伤害罪还是过失致人死亡罪”，等等。在论文结构铺排和具体内容方面，案例分析报告更是集中于案件争议焦点，与综合性论文有明显不同，可读性较强。相对而言，案例分析报告对论文主题的论述较为切题，比如《"偷换二维码案"分析报告》一文，其中包含"诈骗罪与盗窃罪的区分"部分，但该文在阐释二者区分时是从行为方式和处分行为两个方面进行，较前文列举探讨同一问题的《论盗窃罪与诈骗罪的界限》一文第 2 章在说明论证方面就更为有力。

案例分析报告在保证结构和内容紧凑的前提下，可以进一步拓展内容，如《"半岁女婴性侵案"分析报告》一文对犯罪主体可否为女性、曾经热议的嫖宿幼女罪等相关问题进行分析；再如《"偷换二维码案"分析报告》一文对两方关系的诈骗以及此类犯罪的社会背景等进行分析。当然，拓展的内容应始终围绕主题，用恰当语言建立起上下文之间的关联，不可生拉硬拽、天马行空。

3. 调研报告的撰写情况

《大学生创业法律风险认知调研报告》是调查样本中唯一一篇调研报告体裁的毕业论文，样本过少，不过作为一个特例，仍然可以从这篇调研报告中发现值得提倡的因素。据了解，该报告形成基础是学生参加"挑战杯"竞赛中所做的问卷调查，因为有前期研究作为基础，虽也有不足，但从整篇报告可以看出有较为详实的数据支撑，论文相当务实，即所谓的"接地气"，吸引读者去了解其中的具体内容，这可从报告目录窥见一斑：

第 1 章　调研的必要性

　1.1　调研背景

　1.2　调研的对象和目的

第 2 章　大学生创业中的主要法律风险

　2.1　大学生创业法律风险意识分析

　2.2　创业组织形式法律风险分析

　2.3　资金与税的法律风险

2.4　场地租赁中的法律风险

2.5　合同中的法律风险

2.6　知识产权法律风险

第3章　大学生创业法律风险发生的原因

3.1　大学生创业者自身原因

3.2　高校缺乏对大学生的创业法律风险教育

3.3　大学生创业缺乏政府政策的引导和扶持

第4章　大学生创业过程中法律风险防范对策

4.1　大学生创业者层面

4.2　高校层面

4.3　政府层面

精读30篇毕业论文时发现的优点，在绝大多数其他泛读毕业论文中具备，而缺点在其他泛读毕业论文中也不同程度地存在。还有一个不可忽视的问题是，无论何种体裁的毕业论文，都存在语言驾驭能力不足、分析论证不充分、行文不规范等问题。这些应该就是每年毕业季师生为之忍受"折磨"的关键所在。

三、结论与建议

1. 不同体裁论文之间具有互补性，应引导学生视个人具体情况选择论文体裁

综合性论文与案例分析报告的写作情况各有优缺，不能简单说案例分析报告必然优于传统的综合性论文。综合性论文训练考查学生缜密的逻辑思维、严密的论证能力、宽广的知识视野，案例分析报告侧重训练考查学生知识运用能力、创新思考能力。前者倾向于学生的思辨和学术能力，后者侧重于学生的实践能力。教师应指导学生了解自身目标定位和优劣势，合理选择论文体裁。

2. 毕业论文的"前期基础"直接决定论文质量，应引导学生重视平时的思考和积累

对毕业论文质量产生决定性影响的是"前期基础"，即在做毕业论文之前的学习过程中，学生是否对某一专业问题有过关注

和思考，以及学生是否获得了基本科研能力的相应训练。实践中各高校的毕业论文教学环节多设置在毕业前，学生也往往在进入毕业论文环节之后才开始考虑选题的问题，选题存在较大程度的盲目性。如果学生能在之前的学习过程中甚至从大一开始，就能够勤思考、多练习、重积累，或者利用好参加各级各类学科竞赛的机会，对某一问题展开探究，那么大四时完成一篇高质量的论文应该不成问题。

3. 重视教学培养过程，注重加强学生基本能力的训练培养

大众化教育阶段应适当弱化本科毕业论文的学术性，作为对本科生学习情况的考查手段，撰写一篇毕业论文要求学生具备基本的语言表述、理论阐释、分析解决能力。这种基本能力的培养和训练，必然有赖于日常教学中教师有意识的引导与安排。"教师是实施教学活动、实现教育目标的关键因素与智力保障"[1]，教师应关注课堂讨论、辩论、测验、作业等环节，加强师生之间的沟通反馈，充分实现各类教学活动有效开展，避免程序空转，让学生在撰写毕业论文之前就具备相应的能力素养。

4. 教学管理对毕业论文工作有重要影响，应高度重视教学管理工作

教学管理工作需要对毕业论文教学环节做出整体安排，毕业论文工作的时间、进程、论文的形式、论文撰写规范以及对学生和指导教师的管理，都会对毕业论文质量产生影响。应高度重视教学管理工作，对毕业论文教学环节做出科学合理的制定安排，有效的教学管理能够通过论文撰写过程对教师和学生形成规范约束，让教师真正履行指导职责，让学生按计划完成论文并真正有所收获。更为根本的，教学管理工作应着眼于前期学习过程中的教与学，提出合理要求，为毕业论文质量提供根本性保证。

---

〔1〕 冷传莉：《养成教育理念视角下的法学教育目标》，载《中国法学教育年刊》（第 4 卷），法律出版社 2017 年版，第 67 页。

试论独立学院法科大学生法律职业技能课程群的建构

◎黄　彤 *

摘　要： 独立学院法科大学生的实践教学旨在培养和锻炼专业学生的职业技能，但目前已有的相关法律职业技能课程多处于零散、自发的状态，缺乏课程群设计的意识与观念。对法律职业技能课程的设计，应在"群"架构下，以"说""写"技能为抓手，遵循"基础—提高—综合"的梯度，借助实验、实训、实践教学手段，形成一个良性互动的开放体系，从而提高与增强独立学院法科大学生的就业能力与竞争力。为此，法律职业技能课程群建构势在必行，其意义不可低估。

关键词： 独立学院　法科大学生　法律职业　技能　课程群

时下，独立学院法学院（专业）对法科人才培养职业化的认知度远高于学术化，故继"创新法治人才培养机制"的提出，法律职业技能便成为新一波法学教育改

---

　* 黄彤，女，浙江师范大学行知学院法学分院副教授，浙江义乌人，硕士生导师，研究方向：民商法、法学教育。

革浪潮中的关注话题。正如王利明所说："法学教育是中国高等教育的重要组成部分，也是实行'依法治国，建设社会主义法治国家'的重要保障。"[1] 诚然，大学只有四年，"在校园内花费较多时间精力于法律技能学习对学生本人来说就可能不是最有效率的选择"[2]，但"法学院作为法学教育的承担者，负责从教学计划的设计到毕业生分配的全流程，课程体系中的实践类课程与师资也由法学院安排。法学院在教学上具有一定的自主权。可以法律职业的某个方向进行创新与强化。"[3] 在此影响下，独立学院法科教育对实践教学日益重视。将法科教育与法律职业相对接，实现职业教育的定位，强化法科生的法律职业技能培养便成必然，法律职业技能课程的开设便成应有之义，关涉法律职业技能的相关课程在法科人才培养方案中所占的比例开始提高。

一、独立学院法律职业技能课程设置现状

独立学院法科大学生法律职业技能的培养与锻炼，主要集中在实践教学中，独立学院因受自身状况的限制，法学实践教学的重视度、投入度差异化较大。从运行成本、办学需要、人才培养必须等方面出发，最为常见的教学活动当属毕业实习与毕业论文。然不论何者，诟病甚多。[4]

法学专业毕业实习的设置目的了然，无外乎借助鲜活的生活环境，提高专业学生运用理论知识分析和解决法律问题的能力，亦为之后的就业打下一定的基础。但一方面，因学生数与校方所能提供的实习单位数无法有效匹配，再加之校方组织的集中式实习涉及教学经费开支、管理风险等因素，大四的自主式毕业实习为常态。这一常态下，能真正通过自主、自律的毕业实习来达到该教学活动目标设置的比例甚小。另一方面，四年法科教育若仅靠这一实践环节

〔1〕 王利明：《卓越法律人才培养的思考》，载《中国高等教育》2013 年第 12 期。
〔2〕 苏力：《中国法律技能教育的制度分析》，载《法学家》2008 第 2 期。
〔3〕 李政辉：《论非诉法律职业技能》，载《中国大学教学》2015 年第 1 期。
〔4〕 该问题的存在不限于独立学院法学院（专业），在一本法学院校同样存在。

来促成法律职业技能的养成，其不现实性显而易见。更毋论实习单位的性质、实习岗位的提供、实习单位方的指导之类。

　　毕业论文一直以来被视为高等教育培养中的一个重要环节，甚或成为检验高校教学水平、学生培养质量的依据之一。但运行至今，长期的实践结果显示本科生毕业论文质量明显下滑，复制加粘贴的痕迹浓厚。"本科阶段是否有必要设置毕业论文"成为一个经典话题。暂且不论其是否有因噎废食之嫌，毕业论文实际效果的差强人意确是不争的事实。虽说法科毕业论文能体现专业学生的科研能力、体现专业学生的创新精神，但对于主要围绕课堂、围绕书本打转的法科生而言，意欲通过自身所学的知识来提出创新观点并非易事，现如今能在百来篇的法科生毕业论文中发现一两篇优秀之作堪比中头彩。基于此，有些独立学院着手对毕业论文制度进行改革，考虑用其他方式替代毕业论文，但评价目标始终如一，"创造知识"是绕不过的坎。

　　除以上外，有些独立学院还开设有模拟法庭、法律诊所等课程，增设了旁听庭审、法律志愿者服务等实践活动环节。模拟法庭、法律诊所课程并非土著品，源于之前对英美法学教育的研究与借鉴。模拟法庭课程是"法律专业学生受训而辩论虚拟案例的一种虚拟法庭"[1]，虽近些年为能使该课程与专业学生职业技能培育更为契合，用于演练的案例选用愈来愈讲究真实，也有更多的一线实务人士参与到课程教学中，但因课程设置的时间、独立学院学生自身的综合素养、师资力量的配比等原因，模拟法庭课程所选取的案例即便是真实的，但经过抽丝剥茧，最后也只剩下粗加工的案件素材了。意欲仅通过模拟法庭这门课程来达到训练专业学生"脑才""口才""手才""心才"实非易事。[2]法律诊

──────────

〔1〕　瞿业虎：《关于规范我国高校模拟法庭教学的思考》，载《高等教育研究》2015年第9期。

〔2〕　瞿业虎：《关于规范我国高校模拟法庭教学的思考》，载《高等教育研究》2015年第9期。脑才指训练学生的法律、逻辑和创新思维。口才训练学生的口头表达能力和在公众面前的应变能力。手才训练学生动手制作法律文书与当事人谈判等实务能力。心才培养学生处变不惊、沉着应战的综合心理素养。

所课程案源少、经费短缺、师资力量薄弱、容纳学生数少、时间延续性不佳等已成为普遍问题。虽然 2016 年的中国法学教育研究会年会选举产生了第一届模拟法庭教学专业委员会，已有的中国法学教育研究会诊所法律教育专业委员会目前拥有二百多名会员单位，却因地域分布、教育资源分配等因素，模拟法庭、法律诊所课程较有成效的法学院校，在全国六百多所法学院校中仅是沧海一粟。而对于独立学院而言，模拟法庭课程的开设尚未形成常态，更遑论法律诊所课程的设置与开设了。

二、独立学院法律职业技能课程设置存在的问题

鉴于前文阐述，各家独立学院的法学教育均有实践教学的内容，但因办学定位、培养目标、培养模式、教育资源配置等因素，差异较大。概而言之，独立学院法学教育中用以呈现法律职业技能培养的实践课程，主要存有如下两大问题：

1. 法律职业技能课程形同虚设，课程成效不明显

法学实践教学实施过程中，有些独立学院开设的职业技能培养课程与理论教学课程相差无几，技能培养课程几乎均在课堂内进行，实践性要素缺乏，以教师的讲授为主，学生被灌输，仍是传统"三中心"模式[1] 课堂教学模式、技能培训课程枉担虚名，缺乏实质效果。

有些独立学院虽也重视法律职业技能培养课程的实践性，特别是传统性技能培养课程，在开设课程时会让部分实务界人士、法律职业人士参与其中，亦会将课程讲授从课堂转移至实验室，但受限于教学理念、教学内容设计、教学方式与手段的单一、教学资源的缺乏等，技能课程培养实效性或成效性并不明显。例如毕业实习、毕业论文、模拟法庭等传统的技能培养课程，虽在人才培养方案中占据一席之地，但通病并未得到治愈：毕业实习一是在时间设计上偏短，大多数是一个半月到两个月，二是因为大

---

〔1〕 传统的"三中心"指的是以教师为中心，以课堂为中心，以教材为中心。

多数独立院校采用的是自主实习，实习质量良莠不齐；模拟法庭因课程人数、模拟角色等的有限性、模拟素材的虚拟性、庭审活动简单化、表演化，庭审模拟效果不甚理想；毕业论文因学院与学生双方的原因，体现出的学术性水平难以达到课程设计的目的等。

2. 法律职业技能课程间缺乏贯通与补充

有些独立学院重视对职业技能培养课程的建设，也强调技能课程培养的实效性或成效性。这些独立学院的法学实践教学会一方面着手提高传统性技能课程的培养效果，例如：在模拟法庭课程开展过程中借助实务指导教师的力量，通过实务指导教师来运转该实训课程，以期增加模拟法庭真实性的效果；鉴于毕业实习期偏短的情况，增设一些课堂外的法庭观摩、法院志愿者岗等实践活动，同时开始试行少量学生集中实习。另一方面会在传统性课程基础上增设一些新的技能培养课程，最常见的当属法律诊所课程。但鉴于法律诊所的资金瓶颈、诊所师资力量和学生人数规模的矛盾、法律诊所的理念和中国教育模式的兼容等问题的存在，施教方的关注度更多集中在如何授课而非课程设置目的实现上。同时，传统性课程与新课程之间关系如何处理，许多独立院校在开展法学实践教学过程中并未予以必要的关注。法律职业技能课程彼此之间的贯通与互补未能得到足够的正视与重视。

独立学院法科生法律职业技能课程多处于零散、自发、混沌的状态。常见的通病是教学模式趋于僵化、教学形式单一化、教学体系缺乏规模化、教学评价标准不明晰等。其中最为关键的是缺乏课程群设计意识。基于同一受众对象，对课程间的内在机制缺乏解读，课程彼此间缺少循序渐进的梯度性，课程间甚少有联动性衔接设计，课程总体未能形成体系。法律职业技能课程中，群建设、群设计意识的缺乏，必会大大影响技能课程培养目的之实现。因此，对独立学院法科生法律职业技能课程进行群构建探究显得尤为突出与必要。

三、独立学院法律职业技能课程群构建思路

独立学院法科生实践教学活动的开展实施，无非是施教方意欲以一定社会活动为载体，使受教方——法科生能在一定程度上现实而真切地感知专业理论知识与社会事实之间的关系，能形成一个将法律知识、思维方法以及具体事实相结合的初步意识，能有对法律规定与社会问题处理的一定经历与经验。然而事实上，独立学院法科生实践教学的现实状况令人担忧。虽然独立学院法科学生或多或少受过职业技能方面的锻炼或培训，但其法律职业能力与社会法律服务要求相差甚远，绝大多数的专业学生是在单纯地生搬硬套法律条文，对实际发生的法律问题处理与分析的能力欠缺，专业理论知识的实际运用能力存有较大的不足，对法律实务运作流程知之甚少。原因之一便是施教方缺乏对法科生实践教学特别是法律职业技能课程设置理念上的创新。

独立学院法律职业技能课程应扭转零散、自发、不成体系的局面，实现技能课程彼此间有机结合，相互交叉、融合和渗透，去除一味简单叠加与套用的做法，要形成群设计与群建设的理念。通过对法律职业技能课程群的构建探究，来推动法学实践教学改革，提升法学实践教学质量。在"群"概念下使独立学院培养的法科生能在知识、思维、能力等方面实现程度化的复合，进一步夯实"厚基础、精技能、强能力、高素质"的内涵要求，赋予"走得出，下得去，上得来"以新的活力，使独立学院培养出来的法学人才同样具有较强的社会适应性与就业竞争力。

以课程群为建构理念，独立学院法律职业技能课程群的设计，应遵循如下规则：

第一，课程群应分类与分层。法律职业技能课程群的设置，其核心主干应是独立学院法科生法律适用能力的一定养成，即拥有一定的基础或是初级法律职业技能，包括对法律规则的适用，对权益关系的取舍，对规则与权益的评价与权衡等。围绕这一核心主干，要求构建的法律职业技能课程群应条目清晰、层次分明。不同层的课程、不同类的课程，应各有侧重、相辅

相成，能形成有序的递进关系。各课程设置围绕核心主干之外，应有共同的切入点，在主轴线基础上，还应设有分轴线。鉴于对法律职业技能应包含之要旨，时下学术界有不同的认识[1]，笔者以为无外乎与"说""写"相关。相对应独立学院法学教育的实际状况，核心主干之基础或初级技能的养成，不妨将"说""写"设为分轴线。将法律职业技能课程群以"说""写"为切入点，遵循基础、提高、创新的梯度对课程群进行分类与分层。

第二，有效处理传承与创新关系。法律职业技能课程群的构建应兼顾理论知识、逻辑思维、问题能力三者之间的关系，各课程应在这三个方面呈现融合之势。因此，原有的、传统的课程设置不能一概弃之，好的仍应留存，但不能墨守成规。在课程与课程群的设置、构建中要传承传统，要改良创新。比如毕业实习、毕业论文这两门传统性实践课程，其课程设置的目的不言而喻，只不过是在施教过程中因诸种因素使课程效果出现了偏差。独立学院可以根据自身的教育资源对其加以纠偏、完善，而不是删除之。其他相关的法律职业技能课程根据独立学院自己的办学状况，以"说""写"基本性职业技能为抓手进行设置。具体课程的取舍、改革、编排等，直接关系到课程群成效和创新举措的成败。整个课程群应形成一个辐射而循环的状况。

第三，设置科学合理的评价机制。法律职业技能培养课程的

---

[1]　学者们立足自身所在法学院校的实际状况，结合自身对法科教育的理解，从职业认知、职业决策、职业精神、职业伦理等几大方面对法律职业技能的具体内涵加以说明。由于这些学者身处的培养层次的不同，便形成了多元化的观点。例如：霍宪丹在《法律职业与法律人才培养》（《法学研究》2003 年第 4 期）一文中提出："进入法律职业的人员应当具有的基本的职业技能：沟通、协商的能力；谈判、妥协的能力；辩论的技巧和方法；制作法律文书的能力；获取、掌握和应用信息的能力；制定规则的能力；起草合同的技能；审核、鉴别和有效运用证据的能力；等等。"房文翠在《法律职业技能及培养途径》（《现代法学》2003 年第 1 期）一文中提出："法律职业技能主要是解决问题的技能；事实调查的能力；法律表达能力。"钱一栋在《法治与法律人的伦理与技能》（《浙江社会科学》2016 年第 5 期）一文中提出："基于法律活动的不确定性，法律人的职业技能就不应局限于法教义学的基本训练，而且应该掌握经济学、社会学等一系列社会科学方法，从而能够正确进行后果考量。"

群构建，目的是尽可能地做实、做强、做好独立学院法科生"说""写"职业技能的初步养成。期间评价机制如何设置亦是关键所在。技能性课程的评价机制有别于理论性课程的评价机制，重在评价学生的技能水平，因此，不论是评价主体、评价方式，还是评价指标、量化标准等方面，都应予以匹配性设计，以期使技能型课程评价指标多元化、灵活化和维度化。以毕业实习为例，评价主体宜是三个方面：校内指导老师、实习单位指导老师和实习学生；评价方式宜包括校内与实习单位指导老师评价、学生实习小组评价、学生自身评价、实习指导小组评价；评价指标分为实习单位在岗表现、实习小组协作、实习材料制作与汇报等。

独立学院法科生职业技能课程群的构建，宜立足"应用"，强调独立学院对法科生法律职业技能的培养应适应经济与社会发展之需，旨在提高学生的就业能力，增强专业学生的就业竞争力。

四、独立学院法律职业技能课程群构建框架

"教育作为服务业的一种，必须主要考虑满足受教育者以及社会的需求，而非满足教育者（大学、教授）自身的期望。因此，法学教育必须主要考虑毕业生将来的人生和职业需要。"[1] 独立学院法科教育应以受教育者——专业学生的需求为主导，将受教者与社会需求相结合，在构建法律职业技能课程群时，宜以关联性与整合性为导向，遵循课程群建设与设计理念，以总分为脉络，群中建群，分设"基础性、提高性、综合性"三个梯度，采用实验、实训、实践三种教学方式，遵循"基础—提高—拓展"的设计思路，配置相关课程。由此架构而成的应是一个从浅入深、层次递进、循序渐进的法律职业技能课程群。鉴于独立学院法科教育资源的不同，笔者以自身所在学院——浙江师范大学

---

〔1〕 葛云松：《法学教育的理想》，载《中外法学》2014 年第 2 期。

行知学院为例。

表1　法律职业技能课程群

类别 类型	基础性职业 技能课程群	提高性职业 技能课程群	综合性职业 技能课程群
实验类	速录技能	民事法律诊所	管理与沟通 能力训练
	模拟法庭	刑事法律诊所	
实训类	法律演讲	法学论坛	社会调查
	法律辩论	毕业论文	
实践类	职业规划	社团活动	创新创业
	专业见习	毕业实习	

第一，推进一体化的课程群构建。法律职业所需要、所涉及的执业技能，不可能在四年制本科法学教育阶段内一蹴而就。这些执业技能能在四年本科教育阶段初具雏形已属不易。因此，本科阶段的职业技能培养只能是基础。法律人的"说""写"技能，既是基础性的职业技能，又是见真章的执业技能[1]。围绕"说""写"技能，借助实验、实训、实践三种不同的手段，将独立学院法科生的"说""写"职业技能设置为如下目标：从基础到提高再到综合，逐步推进，从而使法科生从一开始能流畅地表达出自身的法律见解与法律观点，到能使他人接受、听从自己的法律见解与法律观点，直至能为当事人或客户提供对法律实际问题处理有益的意见与决策。在群架构之下，面对同一受众对象，基于同一起步基础，将速录技能、模拟法庭、法律演讲、法律辩论、职业规划和专业见习设置为基础性职业技能课程群；将民事法律

---

〔1〕　笔者认为，法律职业技能是指学生将来从事与法学专业相关的行业所需的技术和能力。由于与法学专业相关的行业较多，比如法官、检察官、律师、行政执法人员等，因此，法律职业技能是一个宽泛的概念。法律执业技能是指专业学生就业后具体所从事的行业所需要具备的技术和能力，比如律师、法官、检察官等。其与法律职业技能相比较，口径小，但要求高。法科阶段技能培养与锻炼宜是法律职业技能的宽口径要求。

诊所（合同法实务）、刑事法律诊所、法学论坛、毕业论文、社团活动和毕业实习设置为提高性职业技能课程群；将管理与沟通能力训练、社会调查与创新创业设置为综合性职业技能课程群。从规划、模拟、演辩到专业性、综合性实践活动的开展，形成课程与课程之间的相互贯通、相互补充，关联性与整合性的强化与提升，从而推动课程群设计与建设的一体化。

第二，继承传统，改革创新。法律职业技能课程群在建构时对传统性法律职业技能课程——模拟法庭、毕业实习、毕业论文予以传承与改良。对模拟法庭，加大加重真实化元素，去除表演性、虚拟性、简化性。由专任教师与实务指导教师组成课程教师团队，还原案件材料的原始性，力求模拟演练效果的逼真性。对于原有的毕业实习，改自主实习为集中实习，并将其拆分为二：分为开设于大二暑假的专业见习与大四第一学期的毕业实习。毕业论文尝试采用替代机制，例如获奖的法律征文、公开发表在一定级别刊物上的专业论文、基于实务操作形成的总结报告等，经过专家评定委员会的评定可代替毕业论文。同时，拓宽法律职业技能培养视角，增设新课程、新内容，如法律诊所、社团活动、创新创业等。将浙江省学科竞赛的内容依托教学实践周——短学期课程形式纳入法律职业技能培养课程群中，将法律职业技能培养与法科竞赛实践相结合，如此既能保证专业学生在校期间至少有两次参加省级比赛的机会，又能通过备战省赛来检验法律职业技能培养课程群的效果。

第三，实现课程群媒介的多元化。法律职业技能课程群须有序分明，离不开多元化的载体、举措与手段。基础性、提高性、综合性三类不同的法律职业技能课程群，每个群又分设实验类、实训类、实践类等不同性质的课程，因此，课程或是课程群的设计、建设、开展便需要依托不同的载体、媒介与手段。由此所需的教学场景、技能培养手段、技能培养层面等，不仅要充分调动第一、第二、第三课堂，还要将课堂、实践基地、社会予以有机串联。课堂教学的实施场所要由课堂内延伸到课堂外，由校内延伸到校外，旨在形成一个立体化的教学场景。以模拟法庭为例，该课程的教学开展不仅仅限于校内的模拟法庭实验室，还可将课程搬到田间地头、社区学校，形成流动模拟法庭。不仅可以培养、锻炼专业学生的职业技能，还可以带动普法教育工程。课程群所需要的师资队伍，以课程团队的形式，成员背景需要多元化，宜由学校专任教师、聘请的兼职教授、聘请的实务指导教师等共同组建，实现师资力量优势互补。评价机制上视课程的性质分别采用教师主导、教师与学生共同主导及学生主导三种方式。多元化举措的实施，能有效确保课程具有成效性，培养层面具有实效性，确保实现法律职业技能课程的群构建任务。

五、独立学院法律职业技能课程群设置的成效

浙江师范大学行知学院的法学院，其所构建的法律职业技能课程群，特色与创新点在于：

第一，思路的独特性。笔者所在的法学院以应用型为定位，将群意识带进了实践教学中，通过课程群的穿针引线，使法律职业技能课程之间在以"说""写"技能为抓手的基础上，于课程的教学内容、教学方法与手段、教学资源、评价制度等方面形成了关联性。同时，在重新规划、设计课程时，避免或删除了课程间的重复，体现了课程与课程之间的联系，协调了课程与其他课程及整个课程群的关系，达到了整体大于部分之和的效益，提升了整合性，起到了强化法律职业技能课程间的关联性与整合性的效果。

第二，课程群构建的新颖性。法律职业技能课程群的构建，将原本彼此割裂、缺乏体系化的法科实践性课程，以群为建设总纲，分类设计，渐进有序，以一体化为主导推动课程间在知识、能力、思维层面的融合，彼此之间各有侧重，相辅相成。群中有群，群下分层的研究内容，既进一步契合了省内独立学院对法科人才培养"宽口径、厚基础、多技能"的要求，又具有与众不同之处。形成了分层有序的法律职业技能课程群体系。梯度式的培养设计，从基础到提高再到综合，形成一个由浅入深、循序渐进

的培训架构。实验、实训和实践三种教学手段的穿插使群体系构建纵横交叉、有序分明。在此种态势下，不仅提升了独立学院法科生法律职业技能培养质量，亦提高了独立学院法学实践教学与社会对人才需求的匹配度，继而增强了专业学生的就业选择性与就业竞争力。

此外，鉴于"应用"与"协同创新"之需，引入"学科类"概念，借鉴"学科类"建设理念，打破专业间的藩篱，试行性融入了不同专业技能"交叉培养"元素，试将汉语言文学专业的演讲、辩论、速录技能，工商管理专业的管理与沟通技能，社会工作专业的社会调查技能等与"说""写"法律职业技能相融合，实现"说""写"法律职业技能在不同专业、学科间的"交叉培养"，进一步夯实这两项职业技能的培养与锻炼，增强了法律职业技能课程群的建设效果。

六、结语

法律职业技能，不论对于哪个培养层面的法科教育而言，均是一个焦点话题。笔者所在的独立学院，试行"群"带动下的法科实践教学，几年下来略有成果。不仅传统的实习、论文等形成长效机制，新增设的课程亦向前迈了一大步。以民事法律诊所为例，在近三年的开设过程中，选修该课程的学生都能接下一定数量的简易民事案件。[1]有部分案件通过协商解决，有部分案件通过民事调解解决，有部分案件通过诉讼解决。通过诉讼解决的案件，获胜率[2]在 80% 左右。实践证明，以课程群模式构建的专业技能培养颇有成效。望此设想与做法能抛砖引玉，以供借鉴。

---

〔1〕 笔者所在独立学院法学院的民事法律诊所课程，一般选修人数控制在 50 人左右，由一个专业与实务相结合的 6—8 人教师团队指导。学生以组为单位。近三年平均接案 15 件。

〔2〕 笔者认为，胜诉不仅仅是指己身全部的诉请获得了支持，还包括大大缩减了对方当事人的诉讼请求。